네 이웃을 네 자신과 같이 사랑하라
이웃사랑과 자기사랑의 관계성에 관한 기독교윤리적 탐구

장로회신학대학교 출판부
ⓒ 2015

네 이웃을 네 자신과 같이 사랑하라
이웃사랑과 자기사랑의 관계성에 관한 기독교윤리적 탐구

초판인쇄 | 2015년 7월 30일
초판발행 | 2015년 8월 20일

저　자 | 진 아웃카
옮긴이 | 이 창 호
발 행 인 | 김 명 용
발 행 처 | 장로회신학대학교출판부
신고번호 | 제1979-2호
주　소 | 143-756 서울특별시 광진구 광장로5길 25-1(광장동 353)
전　화 | 02-450-0795
팩　스 | 02-450-0797
이 메 일 | ptpress@puts.ac.kr
디 자 인 | 굿모닝 디자인

값 10,000원
ISBN 978-89-7369-371-9 93230
ⓒ 장로회신학대학교출판부 2015

국립중앙도서관 출판예정도서목록(CIP)

네 이웃을 네 자신과 같이 사랑하라:
이웃사랑과 자기사랑의 관계성에 관한 기독교윤리적 탐구

저자 ; 진 아웃카 / 옮긴이 ; 이창호.
-- 서울 : 장로회신학대학교 출판부, 2015
　　p. ; cm

원표제: Universal love and impartiality :
원저자명: Gene Outka
영어 원작을 한국어로 번역
ISBN 978-89-7369-371-9 93230 : ￦ 10,000

이웃 사랑
기독교 윤리[基督敎倫理]

234.14-KDC6
241.4-DDC23　　　　　　CIP2015021673

• 잘못된 책은 바꿔 드립니다.
• 이 책은 저작권법의 보호를 받는 저작물이므로 무단전제와 복제를 금합니다.

Universal Love
& Impartiality

네 이웃을
네 자신과 같이
사랑하라:

이웃사랑과 자기사랑의 관계성에 관한
기독교윤리적 탐구

Gene Outka_ 저 / 이창호_ 역

장로회신학대학교출판부

차 례

한국 독자들에게 드리는 글 ·· 07
머리말 ··· 09

제1부 보편적 사랑에 대한 신중심적 옹호 ······················ 19
1. 보편적 사랑은 자아를 포함하는가? ······························ 21
  1) 사랑의 외향적 확장 ·· 21
  2) 자아에로의 확장 ·· 27
2. 보편적 사랑은 불편부당성으로 귀결되는가? ··················· 27
  1) 보편적 범위에서 불편부당한 평가로 ························· 27
  2) 비공식적 연계 ·· 33
  3) 불편부당성에 대한 현대적 해석들 ··························· 35

제2부 이웃에 대한 관계(자아·타자 관계)와 자기 자신에 대한 관계(자아·자아 관계) 사이에 존재하는 네 가지 불균형성 ················ 41
3. 불편부당성은 내가 이루기 위해 힘써야 하는 목적인가? ····· 43
  1) 두 가지 판단들: 오십 대 오십으로 나누는 것을 거부하고, 자아·타자 그리고 타자·타자 구분을 받아들이라. ·········· 43
  2) 기독교 이타주의와 세속적 불편부당론 ····················· 47
  3) 기독교 이타주의자들과 역사적 평화 교회들 ··············· 59
  4) 보편적 사랑이 구성하는 제한 사항들 ······················· 64
  5) 사랑, 저항 그리고 이타주의의 불완전성 ···················· 76
4. 불편부당성은 내가 성취할 수 있는 목적인가? ················· 87
  1) 자기 편애의 비중 ·· 87
  2) 개선적 전략 ·· 90
  3) 기독교 현실주의의 초점과 그 한계들 ······················· 92
5. 나는 나 자신의 고유한 정체성과 개인적인 성취에 우선적인 가치를 두어야 하는가? ································· 94

차 례

    1) 나 자신에게 고유한 인격 ·· 94
    2) 자기 자신의 고유한 삶의 가치를 존중하는 것에 대한 신중심적 옹호 99
    3) 불신앙의 두 가지 종류로서의 교만과 게으름 ················ 103
    4) 불편부당성의 옹호자들과 성인들 ···································· 110
 6. 내가 나 아닌 다른 사람들을 위해서 할 수 있는 바는
    내가 나 자신을 위해서 할 수 있는 바와 불가피하게 다른가? ······ 115
    1) 순전한 능력들 ·· 115
    2) 신중심적 평가 ·· 119
    3) 두 가지 결과들: 충성을 다하고 칭찬하기 그리고
       '도덕행위자로서의 주체성' ·· 122
    4) 첫 번째 과장: 자아를 선호한다. ··································· 129
    5) 두 번째 과장적 시도: 고립적 자기충족 ······················ 130

제3부 총체적 정리 및 평가 ·· 137

 7. 보편적 사랑은 이웃과 자아 사이에 존재하는 유사점들 가운데
    어떤 것을 정당화하는가? ··· 141
    1) 인격 상호간의 일관성과 역할 전도 테스트 ················ 141
    2) 실증적인 윤리 이론들에서의 불편부당성 ···················· 144
 8. 보편적 사랑은 이웃과 자아 사이에 어떤 차이를 수용하는가? ······ 150
    1) 실제적인 방향전환 ·· 150
    2) 제거할 수 없는 불안 ·· 154
    3) 의지적 순종 ·· 157
    4) 철폐할 수 없는 불균형성 ·· 158
 9. 남겨진 근본적인 문제들 ··· 162
    1) 사랑의 성취로서 사귐 ·· 163
    2) 특수한 역할들과 관계들 ·· 165

감사의 말 ··· 169

한국 독자들에게 드리는 글

　　본 저작의 한국어 번역·출판은 저로서는 참으로 기쁘고 영광스러운 일이 아닐 수 없습니다. 이러한 학문적 결실은 전적으로 이창호 박사의 노고의 결과입니다. 이에 진심어린 감사의 뜻을 전합니다. 그는 예일 대학교 대학원에서 저의 지도로 박사학위 논문을 마쳤고 한국에 돌아간 후에 본 저작의 번역에 착수하였습니다. 이창호 박사는 이 책에서 기독교 "사랑의 법", 구체적으로는 하나님을 온 맘으로 사랑하고 이웃을 자신처럼 사랑하라는 사랑의 이중계명을 온전히 이해하는 데 매우 중요한 통찰의 빛을 발견하였습니다. 물론 그러한 빛 안에서 우리는 여러 질문들과 난제들 그리고 건설적인 제안들을 탐색할 수 있습니다. 특별히 이 자리를 빌려 제가 본 저작에서 핵심적으로 논구한 주제를 다시금 환기하고 싶은데요, 그것은 기독교의 이웃 사랑 계명은 그 범위에 있어 이웃 뿐 아니라 자아까지 포괄한다는 의미에서 보편적이며 이러한 보편성이 자아와 타자를 불편부당하게 사랑하라는 도덕적 명령으로 이어질 수 있느냐에 관한 것입니다. 이웃 사랑과 자기사랑을 균등하게 보는 입장에 대해 많은 이들이 불편한 마음을 가질 수 있습니다. 이 책을 통해 독자들은 그러한 불편한 마음을 동반하는 여러 질문들 뿐 아니라 여러 건설적 제안들을 접하게 될 것이고요, 저는 나름대로 제 자신의 해법을 제시하고자 했습니다. 여전히 저는 이 주제를 두고 씨름하고 있습니다만, 제가 이 책에서 주장한 바를 여전히 소중히 여기고 있습니다. 부디 이 책이 기독교 사랑에 대한 이론적 실천적 지평을 확장해 가는 데 작으나마 보탬이 되기를 바라는 마음을 전하며, 한국 독자들에게 드리는 글을 맺고자 합니다.

예일 대학교 드와이트 명예교수
(Dwight Professor Emeritus of Philosophy and Christian Ethics)

진 아웃카 드림

머리말

성경의 권위를 인정하는 신앙인들이라면 하나님을 마음과 뜻과 힘을 다하여 사랑하라는 말씀과 네 이웃을 네 몸과 같이 사랑하라는 말씀에 *대해서* 그 어떤 의문도 제기하지 않을 것이다.

기독교인들은 '사랑의 계명'과 같은 실천적 가르침들을 필연적인 것으로 받아들인다. 그러한 가르침들은 기독교 신앙의 필수불가결한 문법이자 논리이다. 그리하여, 기독교인들에게 하나님과 이웃을 사랑하지 말라는 명령을 들을 수 있는 상황은 전혀 존재하지 않는다.[1]

물론 이 사랑의 계명이 *무엇을* 의미하는지에 대해서는 주의 깊은 성찰이 필요하다. 하나님을 사랑한다는 것은 만사(萬事)를 적극적으로 하나님과 연결하여 바라보는 것이다. 또한 그 누구도 그 무엇도 하나님보다 더 사랑하지 않는 것이며 하나님을 가장 중요한 목적으로 두고 사는 것이다. 이 하나님 사랑과 관련하여 특별한 숙고의 과정을 거치지 않더라도 행동의 옳고 그름을 식별할 수 있다. 사랑의 계명의 관점에서 하나님께 지속적으로 또 진정성을 가지고 예배드리는 것은 당연하며 또 노숙자 쉼터를 찾아가 노숙자들을 위해 봉사하는 것은 도덕적으로 옳다. 반대의 경우도 마찬가지다. 우리가 도덕적으로 옳지 않은 것으로 폭넓게 받아들이는 도덕적 금지 사항들은 많은 경우 사랑의 계명을 위반하고 있다는 점을 자연스럽게 파악하게 된다. 간통을 생각해 보라. 이는 관계된 모든 사람들에게 해를 입히며 또 부부간에 맺은 순결한 약속을 깨뜨린다. 거짓말은 그 대상을 부당하게 대하는 것이며, 건강한 공동체를 형성해 가는 데 치명적이다.

---

1) George A. Lindbeck, *The Nature of Doctrine: Religion and Theology in a Postliberal Age* (Philadelphia: Westminster Press, 1984), 85.

사랑의 계명이 무엇을 의미하는지에 대해 비평하고 논쟁할 여지가 있다고 해서, 사랑 실천의 책임을 회피할 수 있는 것은 아니다. 수많은 기독교 사상가들이 씨름해온 사랑의 이중 계명에 관한 중요한 질문들이 있다. 하나님 사랑, 이웃 사랑 그리고 자기사랑은 어떤 면에서 같고 또 다른가? 이들 사이에 연관성과 차이가 존재한다면, 어떤 연관성을 본질적인 것으로 보아야 하며, 다른 한편 어떤 차이를 적합한 것으로 보아야 하는가? 더욱이 이웃 사랑에 대해 포괄적으로 진술하려 할 때, 다양한 사랑의 관계들 안에서 (각각의 관계에 특수한) 실제적인 고려 사항들을 만나게 된다. 우리는 우리 이웃이 갖고 있는 필요나 선호 가운데 어떤 것을 충족시키거나 또 지원해야 하는가? 우리가 모든 이웃을 도울 수 없다면 어떤 특정한 이웃을 선택하여 도와야 하는가? 또한 기독교 전통은 사랑의 계명이 요구하거나 권고하는 바 또는 허용하거나 금지하는 바에 대한 풍부한 해석과 평가의 역사를 간직하고 있다는 점을 지적해 두어야 하겠다. 그러한 해석의 역사는 무엇보다도 성경에 근거하며, 근거하는 방식이나 비중에 있어서 다양한 양상을 띤다. 이는 또한 주변 문화와의 교류뿐 아니라 이후의 기독교 공동체 내부에서 이루어진 발전들도 반영한다. 이러한 해석과 평가의 대상 범주에는 간통이나 거짓말보다 좀 더 많이 논쟁되어 왔고 또 논쟁될 만한 도덕적 금지 조항들이 포함되는데, 고리대금업의 문제에서 안락사의 문제에 이르기까지 다양한 논쟁점들을 생각해 볼 수 있다. 이러한 논쟁점들은 여전히 비판적 성찰을 요구받고 있다. 어떤 것이 재확인되어야 하는가? 어떤 것이 개정되어야 하는가? 폐기되어야 할 것은 무엇인가?

본 저작에서 필자는 기독교인들이 필연적으로 헌신해야 하는 실천적인 가르침으로서의 사랑의 계명의 중요성을 재확인하며 또 깊이 성찰해 보고자 한다. 이 탐구에서 필자는 사랑의 이중 계명이 말하는 세 가지 사랑 사이에 존재하는 본질적인 연관성과 적절한 차이에 초점을 둘 것이다. 이러한 탐구 초점은 매우 중요한 것이며, 우리가 검토해야 할 논의 주제들은 여전히 많이 남아 있다. 이 점을 감안하면서 필자는 이 저작에서 집중해야 할 몇 가지 주제들을 선택해야 할 것 같다. 필자가 선택한 주제들과 그 주제들을 검토할 방식은 다음과 같다.

필자는 기독교 전통의 가장 오래된 신념들 가운데 하나를 논의의 출발점으로 삼을 것이다(무엇보다도 이 신념은 어거스틴⟨St. Augustine⟩[2]과 연관되어 있으며, 그 이후 중요한 변화들이 있어 왔는데 버나드⟨Bernard of Clairvaux⟩와 에드워즈⟨Jonathan Edwards⟩에게서 두드러지게 드러나는 것이다). 그 신념은 하나님이 지고선(至高善)이라는 사실에 관한 것이다. 하나님이 지고선이라는 사실은 이웃이나 자아에게 똑같이 '진리'로서의 지위를 확보한다. 하나님은 그 어떤 것보다 높으며, 다른 그 무엇도 하나님과 비교될 수 없다. 우리는 하나님을 최상으로 사랑할 때, 우리 이웃과 우리 자신을 바르게 사랑할 수 있다고 필자는 생각한다.

두 가지 측면을 주목하고 싶다. 첫째, 하나님을 최상으로 사랑한다는 것은 절대적인 애착과 헌신을 하나님으로부터 우리 이웃이나 우리 자신에게 옮기는 것이 결국 우상숭배가 된다는 점을 인식하는 것을 내포한다. 논의를 진전해 가면서, 필자는 하나님 사랑과 다른 두 가지 사랑 사이에 존재하는 적절한 차이를 언급할 것이다. 특별히 이웃 사랑과 자기사랑, 이 두 가지 사랑에 대한 논의를 필자 자신이 '신중심적 설명과 평가의 틀'이라 명명하는 틀 안에서 진행하고자 한다. 둘째, 이 세 가지 사랑 사이에 존재하는 긍정적인 연관성을 찾을 수 있다. 우리가 하나님을 최상으로 사랑할 때 우리는 비로소 적절하게 혹은 정당하게 이웃을 사랑하고 또 자기 자신을 사랑할 수 있다. 필자가 특별히 관심을 두고자 하는 연관성이 있다. 하나님을 사랑함은, 모든 존재에 대한 가장 근본적이고 가장 총체적인 인간의 사랑으로 하나님이 사랑하시는 바를 사랑함으로써 하나님께 충성을 다하는 것을 내포한다. (이러한 충성은 하

---

[2] 거스탑슨(James M. Gustafson)은 그의 기념비적 역작 『신중심적 관점에서의 윤리』(*Ethics from a Theocentric Perspective*, Chicago: University of Chicago Press, 1981 and 1984)에서 신중심적 설명과 평가의 틀의 중요성을 강조한다. 그러나 하나님과 하나님의 세계에 대한 관계성에 관한 나의 신앙은 중요한 지점에서 그와 다르다. 이를 위해 다음 논문을 참고하라. Gene Outka, "Remarks on a Theological Program Instructed by Science," *The Thomist* 47/4 (October, 1983), 572-91.

나님의 사랑에 우선성이 있고 또 그 사랑이 결정적 지위를 점한다는 가정을 내포하며, 또한 그러한 우선성은 은혜의 교리에서 뿐 아니라 사랑의 계명에 관한 전반적인 진술에서도 인정되어야 한다는 점을 내포한다.) 많은 기독교인들은 인류를 향한 하나님의 사랑은 그 범위에 있어 보편적이라는 확신을 가지고 있는데, 왜냐하면 하나님이 온 인류를 창조하시고 지탱하시고 또 구원하시기 때문이다. 그러므로 우리의 사랑은 할 수 있는 대로 이 사랑의 범위에 상응해야 한다.

우리의 사랑은 그 범위에 있어 하나님의 사랑에 상응하여 보편적이어야 한다는 결론은 적절한 혹은 정당한 이웃 사랑과 자기사랑이 있을 수 있다는 관점을 뒷받침한다. 그러한 사랑은 적어도 관심과 돌봄의 대상으로서의 우리 이웃과 우리 자신 모두를 배제해서는 안 된다는 것을 의미한다. 그러나 이 결론에서 꼭 검토되어야 하는 다른 질문들이 흘러나온다. 보편적 사랑은 타자에 대한 배려와 자기 자신에 대한 배려 사이에 *그 어떤 불균형도 허용하지 않는다*는 것을 의미하는가? 달리 표현해 본다면, 사랑의 계명이 요구하거나 칭송하는 또는 허용하거나 금지하는 태도나 행동이 있다면 그것이 무엇이든지 우리 이웃에게 또 우리 자신에게 *그 어떤 치우침도 없이* 장려해야 하는가? 그러나 타자의 복지 뿐 아니라 자아의 복지를 동등하게 고려해야 한다고 할 때 많은 기독교인들이 갖게 되는 불안에 대해 무엇을 말할 수 있는가? 우리는 이웃과 자아를 유사하게 사랑하기 보다는 다르게 사랑해야 하는가, 혹은 절반의 시간과 에너지를 들여 이웃을, 또 다른 절반을 들여 자아를 사랑해야 하는가? 이 질문들 그리고 연관된 질문들을 크게 세 부(部)로 나누어 검토할 것이다.

제1부(1-2장)에서 필자는 보편적 사랑은 타자로서 이웃 뿐 아니라 자아까지 포괄하는 방향으로 확장될 수 있다는 점을 신중심적 틀 안에서 전개할 것이다. 그런데 이 보편적 사랑을 전개함에 있어 불편부당성(impartiality)의 관점에서 풀어내는 이론(혹은 견해)을 중요하게 다룰 것이다. 이 불편부당론에 따르면, 우리는 타자를 우리 자신 보다 더도 덜도 사랑해서는 안 된다. 그

러므로 자아 보다 타자에게 더 큰 비중을 두는 사랑은 허용되지 않거나, 혹은 최소한 요구되지 않는다. 이것은 이 저작 전체를 통하여 우리가 관심을 두게 될 두 가지 문제에 대하여 숙고하도록 하는 데 있어 유익하다.

　첫째, 사랑의 범위의 포괄성 혹은 보편성이 갖는 의미는 타자를 자기 자신 보다 더도 덜도 사랑해서는 안 된다는 주장에 양립할 수 있다는 의미를 내포하는가? 한편으로, 현대 철학계의 다양한 윤리 이론들이 전개하는 불편부당성의 의미를 추적하다 보면 우리는 이 견해가 나름대로 충분한 의미를 갖고 있음을 발견하게 될 것이다. 예를 들어, 자기 자신 보다 타자에게 더 큰 비중을 두는 것이 요구되지는 않는다는 도덕적 언명과 그에 준하는 행동은 공덕 곧 의무(duty)가 요구하는 바보다 더 많은 것을 하는 것으로서의 공덕적 행위(acts of supererogation)와 양립할 수 있을 것이다. 이런 맥락에서 불편부당성의 모든 형태들이 똑같이 우리 이웃을 사랑하는 것과 '같이' 우리 자신을 사랑하라고 요구하지는 않는다. 세속적 불편부당론자들(기독교 신학의 울타리 밖에서 불편부당성을 옹호하는 이들)은 우리가 타자에게 할 수 있는 것과 우리가 우리 자신에게 할 수 있는 것 사이에 존재할 수 있는 차이를 허용한다. 다른 한편으로, 비폭력을 기독교적인 삶의 본질적인 방식이라고 확신하는 사람들은(예를 들어, 비폭력을 모든 기독교적 삶의 방식들을 규정하는 본질적인 요소로 보는 사람들은) 이 신념과 기독교 사랑의 보편성에 대한 자신들의 입장을 통합하여 비폭력의 신념을 자아와 이웃에게 동일하게 적용한다. 적어도 비폭력의 문제와 관련해서는, 그들 나름대로의 규범적 불편부당성을 전개하고 있는 것이다. 그들이 강조하는 차이는 자아와 이웃 사이의 것이 아니라 교회와 세상 사이의 것이다. 요컨대, 불편부당성에 집중하다 보면, 포괄성 혹은 보편성의 개념이 갖는 다양한 의미를 발견할 수 있게 된다.

　둘째, 그럼에도 불구하고, 왜 그토록 많은 사람들이 자기 자신 보다 타자를 더도 덜도 사랑해서는 안 된다고 하면, 불안해하는가? 필자는 그러한 불안에 대해 여러 가지로 응답할 수 있다고 본다. 초점은 이웃 사랑과 자기사랑의 도덕적 지위와 둘 사이의 관계성에 관한 질문들에 있다. 여기서도 보편적 사랑을 불편부당성의 관점에서 해석하는 것은 하나의 정제된 참고의 틀로서 기여할 수 있는데, 이 틀과 연관해서 앞에서 언급한 불안의 다양한 출처를 분간해 낼 수 있고 또 비교할 수 있다. 앞으로 언급할 것이지만, 불편부당성에 대한 반대 입장들은 이웃 사랑과 자기사랑 사이에 존재하는 차이를 설명하는데 도움이 된다. 그러나 자기사랑에 두드러진 관심을 보이는 것은 몇 가지 특수한 위험을 유발한다는 점을 지적해 두고자 한다. 두 번째 사랑의 계명에서 '네 몸과 같이'라는 표현은 엄청난 해석과 평가의 축적을 수반하고 있다. 이에 대한 논쟁은 때론 매우 격렬하다. 필자는 여기서 자기사랑에 대한 판단을 이웃 사랑에 대한 판단으로부터 분리시키고 싶지는 않다. 그러나 유사성 뿐 아니라 차이들을 고려할 때 사랑의 계명에 대한 신학적 윤리적 담론과 진술의 수준이 향상될 것이라 생각한다. 이어서 우리가 꼭 물어야 할 질문은, 이런 차이들 가운데 어떤 것이 (혹은 모두가) 이웃 사랑과 자기 사랑을 위한 여지를 적절히 허용하는 보편적 사랑과 양립할 수 있느냐 하는 것이다.

제2부(3-6장)에서 필자는 불편부당성에 대해 갖는 불안은 자아의 이웃(타자)에 대한 관계와 자아의 자기 자신에 대한 관계 사이에 있을법한 상이성 혹은 불균형성들을 내포한다는 점을 주장하고자 한다. 이 불균형성들(asymmetries)은 불편부당성에 대한 반대 견해들이 그렇듯, 그 자체로 다양하다. 그러나 불편부당성에 대한 반대 견해들은 불균형성의 구체화된 형태들이며, 이웃 사랑과 자기사랑 사이의 차이를 설명하는 데 도움이 된다. 필자는 네 가지 반대를 기술하고 또 짝을 지을 것이다.

두 가지 반대는 불편부당성이 자기 자신의 복지에 대한 과도한 관심을 허용하기 때문에 결함이 있는 것으로 본다. 첫 번째 반대는 전적으로 규범적이다. 이 반대는 불편부당성이 기독교 사랑 혹은 아가페가 내포하는 철저한 타자 배려의 내용을 받아들이는 데 실패하고 있다고 본다. 오리를 넘어 십리도 함께 가라는 명령이나 자기 자신을 내어줌과 십자가 짊에 대한 강조라든가, 다른 뺨도 돌려 댐으로써 악으로 악을 갚음을 거부하고 또 자기 보호는 그 어떤 경우에도 거부하라는 명령 등은 타자 배려의 내용을 명확하게 드러낸다. 두 번째 반대는 전적으로 서술적이다. 이 반대는 불편부당성이 자기 자신의 필요나 야망에 대해 갖는 실제적인 애착을 충분히 진지하게 고려하는 데 실패하고 있다고 본다. 우리가 이론적 논의를 포함해서 공평무사함을 실천적으로 추구하다 보면 이러한 애착을 상당 부분 변화시킬 수 있다고 가정한다면, 그것은 순진한 것이다. 여기서 필요한 것은 하나의 개선책으로서의 희생적 사랑이다.

다른 두 가지 반대는 정당한 자기 배려의 고려 사항들을 소홀히 여기기 때문에 불편부당성을 결함이 있는 것으로 본다. 첫 번째와 같이 세 번째 반대는 전적으로 규범적이다. 이 반대는 불편부당성이 개인에게 특징적인 인격을 포함하여 개인의 정체성의 중요성을 존중하는데 실패하고 있다고 본다. 우리는 신중심적 틀 안에서 하나님을 향한 '의지적 순종'(obedient willing)을 존중한다. 이러한 의지적 순종은 우리 자신의 특수한 정체성과 개인적 계획들을 소중히 여겨야 한다는 것을 의미한다. 네 번째 반대는 전적으로 서술적이다. 이 반대는 불편부당성이 우리가 타자에게 할 수 있는 것과 우리 자신에게 할 수 있는 것 사이에 존재하는 구조적인 차이를 받아들이는 데 실패하고 있다고 본다. 하나의 행위자로서 하나님께 책임적인 삶을 산다는 것은 이웃 사랑과 자기사랑 사이에 존재하는 차이나 불균형을 받아들이는 것을 내포한다.

제3부(7-9장)에서는 다시 보편적 사랑으로 돌아갈 것이다. 불균형성들(asymmetries)과 불균형성이 강화하는 반(反)불편부당론을 구분하는 것은 우리가 좀처럼 같은 자리에서 물으려 하지 않는 질문들에 대한 답을 찾는 데 유익하다. 불편부당성에 대한 반대들은 성공할 것인가? 그렇다면, 그것들은 보편적 사랑에게도 역시 치명적인가? 어떤 화해의 길을 찾을 수 있는가? 보편적 사랑을 하나님을 사랑하고 하나님 안에서 우리 이웃과 우리 자신을 사랑할 수 있는 방법이라고 확정할 수 있는가? 그리고 불균형성들을 하나님을 사랑

하고 하나님 안에서 우리 이웃과 우리 자신을 사랑할 수 있는 다른 방법이라고 확정할 수 있는가?

필자가 앞으로 하려고 하는 바와 관련해서 일반적으로 기억해 두면 좋을 만한 몇 가지 한계점들을 언급하고자 한다. 첫째, 필자는 사랑의 계명에 대한 현대 기독교의 해석들을 고려할 것이며, 필요에 따라 기독교 전통에서 찾을 수 있는 그 이전의 해석들도 언급할 것이다. 필자가 검토하고자 하는 문헌과 질문들은 사랑에 대한 현대 개신교와 가톨릭의 신학적 문헌들에 대한 필자의 연구를 확장하고 개정한 것이 될 것이다.[3]

둘째, 앞선 연구에서처럼, 필자는 첫 번째 계명뿐 아니라 두 번째 계명도 자명하게 종교적이며 신학적인 것으로 다룰 것이다. 물론 많은 현대인들은 두 번째 사랑 계명을 (종교나 신앙에 결부함이 없이) 그 자체로 지위를 확보하고 있는 도덕적 명령으로 생각하고 있다는 점은 두 말할 나위가 없다. 어떤 이들은 이것을 대중적인 지혜의 한 공리로 혹은 유익한 도덕적 권면으로 보기에, 그 기원이나 그에 대한 해석들을 논할 때 굳이 유대교나 기독교 전통을 언급하지 않아도 될 만큼 나름대로의 힘을 간직하고 있다고 믿는다. 또 다른 이들, 특히 전문적인 철학자들은 때때로 두 번째 사랑의 계명을 실용적 지혜의(prudent) 요구들과 도덕적인 요구들 사이에 존재하는 간격을 줄이기 위한 이론적 장치로 사용한다. 실제로 그들은 자기사랑에서 이웃 사랑으로 진행해 나간다. 우리는 이미 우리 자신을 사랑하고 있으며, 이러한 자명한 사실을 인정하면서 우리의 이웃을 또한 사랑할 때에만 우리는 자기중심적 임의성과 비일관성을 극복할 수 있다고 보는 것이다. 그들은 이성에 근거해서 이 주장을 정당화함으로써, 그들이 어떤 공동체에 속해 있느냐에 상관없이(종교적 공동체냐 아니냐에 상관없이) 유효한 것으로 받아들일 수 있게 되는 것이다. 대중을 위한 유효성과 이론적인 활용의 문제는 모두 중요하지만, 이것들은 본 연구의 관심 밖임을 밝혀 둔다. 여기서 필자의 관심은 *신중심적 틀 안에서* 두

---

3) Gene Outka, *Agape: An Ethical Analysis* (New Haven: Yale University Press, 1972).

번째 사랑의 계명이 모든 사람에게 적용될 수 있다고 말하는 것이 *규범적*으로 무엇을 의미하는지에 있다. 필자는 그러한 규범적 숙고들이 기독교 전통 밖의 사람들에게 도움을 줄 수 있으면 좋겠다고 소망하지만, 두 번째 계명이 모든 사람들에게 받아들여지는 근거의 문제와 그에 따른 적용의 문제에 대해서는 논의하지 않을 것이다. 필자가 검토하고자 하는 규범적 보편주의는 어떤 공동체에 속한 모든 구성원들은 동일한 정당화의 과정 혹은 가치 체계를 가져왔다는 점을 보이라고 요구하지 않는다. 이 점에서 "인류 전체는 교회에게 주어진 이웃"⁴⁾이라는 언명을 확인하는 것으로 충분하다.

셋째, 필자는 이 저작의 여러 곳에서 불편부당성에 대해 제기된 질문들을 다루고 있는 대표적인 현대 도덕 철학자들을 탐구할 것이다. 이 탐구는 선택적이며 또 필자의 선택은 적절하다고 자부한다. 다만, 현대 철학자들에 대한 필자의 탐구가 별도의 분석과 변증을 요구하는 어떤 철학적 부채를 너무 많이 초래하지 않았으면 하는 바램이다.

요컨대, 바로 앞에서 말한 두 번째와 세 번째 내용은 필자가 하게 될 두 가지 작업의 성격을 말해 준다. 이 작업들은 어떻게 사랑의 계명에 대해 가장 적절하게 해석할 수 있는지에 대한 교회 공동체 내부적인 토론과 현대의 세속적 도덕성과의 외향적(교회 밖을 향한) 탐색들이며 이러한 탐색에서 이루어질 비교 연구는 기독교 전통에 발전적 전망을 제공할 것이다.

---

4) Hans W. Frei, *The Identity of Jesus Christ: The Hermeneutical Bases of Dogmatic Theology* (Philadelphia: Fortress Press, 1975), 162.

제1부

보편적 사랑에 대한 신중심적 옹호

제1부 보편적 사랑에 대한 신중심적 옹호

1. 보편적 사랑은 자아를 포함하는가?

1) 사랑의 외향적 확장

사랑의 법은 그 범위에서 보편적이라는 주장으로부터 시작해 보자. 이 주장은 모든 인간에 대한 존중과 돌봄을 요청하는 비선호적(nonpreferential), 포괄적(nonexclusive) 특징을 포함한다. 미국 가톨릭 주교들이 작성한 "전쟁과 평화에 대한 목회 서신"을 그 대표적인 보기로 들 수 있다.

평화에 관한 교회의 가르침의 중심에는 또 모든 가톨릭교회의 가르침의 중심에는 하나님의 초월과 인간의 존엄성이 자리 잡고 있다. 인간은 이 세상에서 가장 선명한 하나님의 반영이다. 정의와 평화를 추구하는 교회의 모든 활동은 인간의 존엄성을 보호하고 증진하는 방향으로 구성되어야 한다.[5]

이 주장에 대해 많은 논쟁이 있어 왔다. 세 가지를 언급하고자 한다. 첫째, 경계에 관한 것이다. 이 주장이 유효하기 위해 전제되어야 하는 조건이 있

---

5) National Conference of Catholic Bishops, *The Challenge of Peace: God's Promise and Our Response* (Washington, D.C.: United States Catholic Conference, 1983), 6; *Gaudium et Spes* (Pastoral Constitution on the Church in the Modern World: Second Vatican Council, December 7, 1965) in *The Gospel of Peace and Justice*, Joseph Gremillion, ed. (Maryknoll, N.Y.: Orbis, 1980), 264-66. 신자와 비신자를 포괄하여 모든 인간이 '하나님의 성전'이라는 신념을 확증해 주는 자료로서 다음의 문헌들을 참고하라. Gustavo Gutiérrez, *A Theology of Liberation*, Sister Caridad Inda and John Eagleson, trans. (Maryknoll, N.Y.: Orbis, 1973), 193; Nicholas Wolterstorff, *Until Justice and Peace Embrace* (Grand Rapids, Mich.: Eerdmans, 1983), 78. 월터스토프는 여기에서 칼뱅을 논하면서 "모든 인간은....나의 이웃"이라고 주장한다. 살인 금지를 명령하는 제6계명이 특수한 공동체 구성원들만이 아니라 모든 사람에게 확장될 수 있는 가능성에 대한 논한 것으로 다음의 문헌들을 보라. James Wm. McClendon, Jr., *Systematic Theology: Ethics* (Nashville: Abingdon Press, 1988), 181, 311-12; Benjamin Nelson, *The Idea of Usury: From Tribal Brotherhood to Universal Otherhood*, 2nd ed. (Chicago: University of Chicago Press, 1969).

는가? 예를 들어, 태아는 자격이 되는가? 둘째는 범위에 관한 것이다. 왜 모든 인간의 존엄성은 보호되고 또 증진되어야 하는가? 타자 배려는 그 범위에서 보편적이지 않다면 왜 온전할 수 없는가? 세 번째로, 복수(複數)의 방향성에 관한 것이다. 둘 또는 그 이상의 사람들이 어떤 행위에 영향을 받을 때, 앞의 주장은 어떤 지침을 제공하는가? 특별히 여러 사람의 복지가 충돌하여 선택이 불가피한 상황에서는 어떻게 해야 하는가?

주교들은 이 문헌에서 첫 번째와 두 번째에 대해 언급하지 않는다. 그러나 그들은 태아를 인간의 존엄성 존중의 대상으로 포함시킬 것이며, 이기주의보다는 낫다고 판단할지라도 제한적 타자 배려(restricted other-regard)는 충분치 않은 것으로 볼 것이라는 점은 분명하다. 그들은 확연하게 복수의 방향성의 문제와 씨름하고 있다. 어떻게 한 나라의 군사적 정책과 관례들이 다수의 국가와 그 국민들을 보편성을 견지하며 공평하게 존중할 수 있을 것인가? 우리가 주교들의 정책적 판단에 대해 어떻게 평가하든, 포괄성 혹은 보편성에 대한 그들의 헌신은 주목할 만하다. 왜냐하면 그들은 적군, 외부인 그리고 심문자들 까지도 포괄하려고 힘쓰기 때문이다. 그들은 "우리가 우리의 적을 어떻게 다루느냐는 우리가 우리의 이웃을 사랑하느냐 아니냐를 가르는 핵심적 잣대가 될 것"이라고 주장한다.[6] 오직 생명의 방법으로서의 비폭력만이 이 핵심적 잣대에 부합될 수 있는 것인지에 대한 논쟁을 여기서 생각할 수 있다.[7] 비폭력을 제외하고, 어떻게 우리는 적군을 포괄할 수 있으며, 좀 더 일반

---

6) *The Challenge of Peace*, 26.
7) 다음의 문헌들도 참고하라. The Joint Pastoral Letter of the West German Bishops, *Out of Justice, Peace* and the Joint Pastoral Letter of the French Bishops, *Winning the Peace*, James V. Schall, S.J., ed. (San Francisco: Ignatius, 1984). 비폭력을 규범적으로 견지하는 대표적 입장으로 다음 저작을 보라. John Howard Yoder, *The Politics of Jesus* (Grand Rapids, Mich.: Eerdmans, 1983). 요더에 대한 비판과 평화주의의 대안을 살피고자 한다면 알렌(Joseph L. Allen)의 작품을 참고하라. Allen, *Love and Conflict: A Covenantal Model of Christian Ethics* (Nashville: Abingdon Press, 1984). 신약성경의 관련 본문들에 대한 주석적 연구를 위해 다음의 문헌들을 보라. Victor Paul Furnish, *The Love Commandment in the New Testament* (Nashville: Abingdon Press, 1972), 45-59; Luise Schottroff, "Non-Violence and the Love of One's Enemies," in *Essays on the Love Commandment*, Reginald H. and Ilse Fuller, trans. (Philadelphia: Fortress Press, 1978), 9-39; Pheme Perkins, *Love Commands in the New Testament* (New York: Paulist Press, 1982), 27-41, 89-103.

적으로 어떻게 분명하게 심각한 위협이 되는 외부인을 포괄할 수 있는가? 우리는 무죄한 제3자를 구하기 위해서, 정말 필요하다면 폭력적 수단을 써서라도 부당한 공격에 저항해야 하는가? 무죄한 방관자 보다 부당한 침략자를 선호하는 것을 효과적으로 피하기 위해, '행동하지 않음'을 통해 저항해야 하는가? 우리 자신을 구하기 위해 저항할 수 있는가?

이 질문들을 나중에 또 다루겠지만, 여기서 필자가 강조하고 싶은 것이 있다. 이러한 논쟁이 존재한다는 사실은(그리고 수 세기를 걸쳐 있어 왔다는 사실은) 기독교 사랑은 그 대상 범위에서 보편성을 추구해야 한다는 압력들이 존재했음을 보여준다. 그러한 압력들을 통해서 체계적인 형식은 아니더라도 지속적으로 축적되어 온 '사랑의 확장에 대한 변호'를 확인할 수 있으며, 그러한 확장은 많은 신약성경과 초기 기독교 문헌들에서 확인할 수 있는 바이다. 이 확장은 기독교역사 초기로부터 다양한 관습적 판단들에 대한 의문을 제기해 왔으며, 체계적이지는 않지만 많은 영향을 미쳤다.

강한 의심과 비판의 대상이 되고 있는 두 가지 인습적 판단을 그 보기로 들고자 한다. 첫 번째 판단은 오직 친구들, 동료 종교인, 특정 계급, 공동체, 국가 혹은 제국의 구성원들만이 우리의 돌봄을 받아야 한다는 것이다. 그 결과는 매우 엄격하게 제한된 타자 배려일 수 있다. 우리 그룹 밖의 사람들(혹은 우리 그룹 밖에 존재하는 것처럼 다루어지는 사람들)은 온전히 내부의 사람들을 위해 존재하는 반면, 우리와 관계하는 사람들이 우리의 배려를 받을 자격이 있다. 이러한 신념은 내부의 사람들과의 유대를 보호하거나 혹은 강화하는 데 보탬이 된다면 우리는 외부의 사람들을 완전히 무시할 수도 있고 또 심지어 해(害)가 되는 일을 해도 된다는 생각으로 이어진다. 그러나 모든 사람은 예수 그리스도의 구속 사역의 대상에 포함되며, 우리는 그 사역을 증거 하는 삶을 살아야 한다는 기독교의 사명에 근거하여 지속적으로 또 강력하게, '배타적 자(自)그룹 중심주의'(unrestrained in-group particularism)를 도전해야 한다. 이러한 도전은 창조론에 대한 다양한 견해들로부터 기인하는 것으로서, 이 견해들은 공통적으로 모든 사람은 하나님의 형상에 참여한다는 점을 강조한다.

두 번째 인습적 판단을 소개하고자 한다. 혈통이나 계급 혹은 다른 특수한 소속에 따라 형성된 관계 속에 있는 사람들을 돌볼 때에도, 우리는 어떤 형식이 되었든 우리와 애정을 기꺼이 또 친밀하게 주고받을 준비가 되어 있는 사람들에게만 제한해야 한다는 것이다. 그러므로 우리가 주고받는 선(goods)에 있어서(단순히 물질적인 관점 뿐 아니라 인격적·관계적 관점에서도) 근사치적 등가성을 요구해야 한다. 때로는 이러한 등가성은 우리가 당하거나 혹은 보복하려는 악들에 있어서의 등가성에 대한 긍정적인 대응으로 생각할 수 있다. 이 판단 역시 도전받을 수 있다. "너희가 너희를 사랑하는 자를 사랑하면 무슨 상이 있으리요 세리도 이같이 아니하느냐"(마 5:46; 눅 6:32-34도 보라). 그리하여 아가페는 '친밀함'으로 특징지어지는 인격적 관계와 '합의'로 특징지어지는 사회적 관계를 설정하고 고양하는 일방향적인 노력을 내포한다. 아가페는 어떤 반응을 자연스럽게 욕구하거나 희망할 수(desire or hope) 있으며 또 실질적인 성취를 그것이 추구하는 결실로 생각할 수 있지만, 그러한 반응을 기다리거나 기대하거나 혹은 요구하지는(await, anticipate or demand) 않는다. 더욱이 아가페는 부정적인 등가성을 폐기하는 화해를 추구한다. "모욕을 당한즉 축복하고 박해를 받은즉 참고 비방을 받은즉 권면하니 우리가 지금까지 세상의 더러운 것과 만물의 찌꺼기 같이 되었도다"(고전 4:12후반-13). 상호교환성을 타자 배려의 조건으로 삼는 것에 대한 거부는 마찬가지로 보편적 사랑과 상응한다.

그러나 이는 보편적 사랑이 자명하게 명시적인 가르침으로 장려된다는 것을 의미하지는 않는다. 우리의 사랑을 확장하라는 명령은 엄밀한 의미에서 우리가 모든 사람을 사랑해야 한다는 주장은 아니다. 주지하는 대로, 많은 초기 기독교인들은 특정한 신앙고백을 명시적으로 공유하는 사람들 사이에 이루어지는 사랑에 집중하였다. 그러나 앞에서 말한 두 가지 인습적인 판단의 문제를 제기하고 또 도전함으로써 보편적 사랑의 장려를 가로막는 두 가지 거침돌을 제거하게 된다. 더욱이, 우리가 그러한 도전들을 신약성경에 나오는 다른 두 가지 명령과 연결시킬 때, 보편적 사랑을 장려하는 것은 자연스러운 논리적 귀결이 된다. 첫 번째 명령은 선한 사마리아인의 비유 끝부분에 나온다(눅 10: 29-37). "가서 이렇게 하라"는 예수의 명령이 그것이다. 우리 공동체의 구성원이 아닌 사람들 그리고 우리에게 당연히 도움을 청할 수 있는 권리를 가지고 있지 않는 사람들까지도 적극적으로 도우라는 것이다. 왜냐하면 그들 역시 이웃 사랑의 수혜자로 적합하기 때문이다. 두 번째 명령은 "너의 원수를 사랑하고 핍박하는 이들을 위해 기도하라"는 것이다(마 5:43). 즉 우리가 잘 되기를 바라지 않으며 적극적으로 싫어하거나 억압하는 사람들까지도 돌보라는 것이다. 우리와 사랑을 주고받기를 거부하는 사람들에게 우리의 사랑을 확대해 가야 하는데, 그들이 우리 공동체 밖에 있고 우리에게 전혀 관심을 주지 않고 있으며 심지어 다른 누구보다는 우리를 혐오스럽게 보고 있음에도 불구하고 그렇게 해야 한다. 우리에게 적대적인 사람들에게 그렇게 해야 한다는 것이다.

이러한 윤리적 추론은 이후 초대교회 시대에 이루어진 것이다. 제롬(St. Jerome)은 기독교 사랑이 그 범위에서 보편적이라는 점을 분명하게 인정했으며, 어거스틴은 이에 대해 상세하게 다루었다. 이들과 동시대의 것으로, 좀 더 분명한 두 가지 이론적 근거가 종종 인용된다. 곧 이성의 공동체에 대한 스토아 학파적인 강조와 첫 인간 아담에 공동 기원이 있다는 것에 대한 강조, 이 두 가지다.[8] 첫 번째는 창조의 교리에 통합된다. 우리는 하나님의 창조물로서 공동의 지위를 공유한다. 창조에서 고유한 이성적 능력을 보유하게 되는데, 이런 지위는 '주어졌다.' 이 지위를 설정하고 폐기하는 것은 인간의 몫이 아니다. 하나님을 사랑하는 것에는 하나님이 주신 이 지위를 존중하는 것이 포함

---

8) Oliver O' Donovan, *The Problem of Self-Love in St. Augustine* (New Haven: Yale University Press, 1980), 121-122.

된다. 두 번째 근거는 타락과 구원을 한 데로 묶는다. 우리는 하나님을 거슬러 죄를 지은 피조물로서 공동의 참상을 공유한다. 이러한 곤경은 창조 뒤에 일어난 하나님의 구원 행위들을 통해 치유된다. 우리에게 주어진 가치가 있음을 알게 된다. 이러한 신적 행위들을 모든 사람에게 적용하느냐 하지 않느냐는 기독교 사상사에서 중요한 논쟁점이다. 그러나 모든 사람이 예수의 구원 사역의 범위에 포함된다는 것을 확신하는 사람들이 하나님을 사랑한다고 한다면, 그 사랑에는 하나님의 구원을 통해 형성된 관계적 지위를 존중함이 포함된다. 앞에서 살핀 주교들의 문헌과 같은 현대의 신앙 진술에서, 창조와 구원에 대한 신념은 하나로 합해지는 경향이 있다. 주교들이 '모든 사람'에게 예외 없이 적용되는 존엄성이라는 말을 사용할 때, 그들이 제공한 근거들은 창조와 구원, 이 둘 모두에서 온 것이다.

어느 쪽에서 보든, 이 지위는 하나님으로부터 온 것이다. 이것은 우리가 사람들을 구분하고 비교하기 위해 사용하는 특별한 장점이나 탁월함과는 상관없이 주어지는 것이다. 여기서 논하는 가치 혹은 존엄성은 하나님과의 관계성 속에서 주어진 가치이자 존엄성이다. 이것과 깊은 연관이 있는 것으로 주목해야 할 주장 하나는 예수님이 첫 번째 사랑의 계명은 두 번째 계명과 같다고 하셨지만, 첫 번째 사랑의 계명은 두 번째 계명을 앞서 있고 또 지배한다는 것이다. 에드워즈(Jonathan Edwards)가 제시하는 일반화는 이러한 첫 번째 계명의 '앞서 있음' 혹은 '지배'를 증거한다. "만일 이 사랑이[이웃 사랑이] 하나님을 최상으로 사랑하는 기질을 구성하는 성정으로부터 기원하는 것이라면, 그 사랑은 피조된 인간을 덕스럽게 만드는 데 충분한 것이다."[9]

---

9) Jonathan Edwards, *The Nature of True Virtue* (Ann Arbor: University of Michigan Press, 1960), 23; *The Works of Jonathan Edwards: Ethical Writings*, Vol. 8, Paul Ramsey, ed. (New Haven: Yale University Press, 1989), 557; Stephen G. Post, *Christian Love and Self-Denial: An Historical and Normative Study of Jonathan Edwards, Samuel Hopkins, and American Theological Ethics* (Lanham, Md.: University Press of America, 1987).

2) 자아에로의 확장

앞에서 살핀 대로 인간의 보편적 가치에 대한 이러한 신중심적 강조는 이쯤에서 우리가 자연스럽게 묻게 되는 질문에 대해 답을 줄 수 있는 것 같다. 그러한 가치 혹은 지위를 인정하는 모든 언명들을 긍정적으로 수용해야 한다면, 왜 나는 나 자신을 배제해야 하는가? 그 지위가 보편적으로 인정되는 것이라고 한다면, 그것은 '나'를 포함해야 할 것이다. '배타적 자(自)그룹 중심주의'와 상호교환성에 대한 강조, 이 둘 모두에 도전하는 확장주의적 압력도 자기 자신에게까지 그 범위를 넓힐 것을 권한다. 에드워즈가 제시하는 일반화의 기준은 이웃 사랑과 자기사랑이 우상 숭배로 변질되지 않는다고 한다면, 이 두 가지 종류의 사랑 모두에게 적용될 수 있다. 요컨대, 우리가 우리 이웃과 우리 자신을 사랑해야 하는 이유는 인간으로서 우리 모두의 존재는 단지 우리 자신에게 달려 있는 것이 아니라 궁극적으로 하나님께 달려 있기 때문이다.

이런 관점에서 볼 때, 보편적 사랑이 사랑의 대상으로 우리 자신을 배제하는 것을 막는다는 점을 받아들이게 한다는 잠정적 결론에 이를 수 있다. 우리가 우리의 수준에서 또 우리가 갖는 능력의 한계 안에서 창조와 구원 안에 하나님이 드러내시는 포괄적 사랑을 증거하는 삶을 살면서 이 점을 인정하는 것이 인간의 행동과 상호 관계라는 관점에서 어떤 규범적 의미를 갖는지 고찰하고자 한다. 필자는 말하자면 어떤 순환적인 진로를 따라 갈 것인데 곧 아무도 배제하지 않는 것으로부터 이웃과 자아를 동등하게 여기는 것으로 나아가는 진로이다.

2. 보편적 사랑은 불편부당성으로 귀결되는가?

1) 보편적 범위에서 불편부당한 평가(impartial appraisal)로

필자가 생각하는 진로는 보편적 사랑에서 불편부당성으로 나아가는 것이다. 이 점에 관련해서 나올 수 있는 주장은 대략 다음과 같다. 첫째, 모든 사람의 존엄성은 자아와 이웃을 포함한다는 판단은 특별히 신중심적 틀 안에서 이루어지는 두 가지 신념에 근거한다. 우리가 특수한 피조물로서의 어떤 지위 곧 우리 자신을 타자와 구별시키는 특수한 장점이나 다른 뛰어난 특징들과 상관없이 가지는 지위가 있다고 말하는 것은 이 지위에 부여된 존엄성은 이미 주어져 있었다는 것을 의미한다. 이것은 우리 자신이 생산해 낼 수 있는 성격의 것이 아니다. 다시 말해, 나는 내 이웃의 자리에서 그것을 생산해 낼 수 없고 내 이웃은 나의 자리에서 그렇게 하지 못한다는 것이다. 또한, 존엄성은 하나님과의 관계성 속에서의 존엄성이라고 말하는 것은 전통적으로 하나님은 지고선이라는 신념과 연관되어 있다. 이러한 연관을 상정하는 것은 각 사람의 선(善)에 대하여 우리가 무언가를 알고 있다면 우리가 알고 있는 것은 오직 그 이웃의 선에 대한 것일 수는 없다는 것을 의미한다. (나도 그 이웃이 연관되어 있는 지고선이신 하나님과 연관되어 있기에) 나 자신의 선에 대해서도 알아야만 한다. 둘째, 그러므로 우리는 우리가 그러한 존엄성을 보호하고 증진하기 위해 어떤 이론적 토대를 구성하려 할 때 자아와 이웃 이 둘 모두를 '충분히'(fully) 포함시키기 위해 힘써야 할 것이다. 셋째, 충분히 포함시킨다는 말의 뜻은 이 둘을 '동등하게' 포함시킨다는 것이다. 우리는 한 인간으로서의 이웃에게 또 한 인간으로서의 자기 자신에게 동등한 존엄성 혹은 동등한 가치를 부여해야 한다. 적어도 '이웃 사랑'과 '자기사랑'이 그러한 존엄성을 보호하고 증진하는 것을 *내포하는 한*, 이 둘이 수반하는 규범적 무게는 동일하다고 하겠다. 이웃의 복지와 자아의 복지는 동등하게 보호되고 증진될 가치가 있다. 객관적으로 우리 가운데 어느 누구도, 이미 주어진 가치를 소유한 대상으로서 혹은 섭리적 행위의 대상으로서 타자보다 더 중요하지 않다. 다시 말해, 한 사람의 복지는 다른 이의 그것만큼 소중하다. 넷째, 우리는 이웃과 자아 사이에 존재하는 불균형을 허용하지 않는 어떤 일반적인 전략을 채택해야 한다. 다시 말해, 이웃과 자아의 복지를 불편부당(不偏不黨)하게 평가해야 한다.

이러한 주장들은 연역적인 의존 관계로 엮어 있지 않지만, 면밀한 검토를 통해 이들 사이의 상호연관성을 충분히 밝힐 수 있다. 이것은 위에서 밝힌 주장들에 필자가 덧붙이고 싶은 또 다른 하나의 주장이다. 이 주장이 받아들일 만한 것이 되기 위해, 이것은 모든 인간의 존엄성에 대한 두 가지 신념에 근거해야 한다. 첫째, 그러한 존엄성은 때때로 동등한 고려(equal consideration)와 동일한 대우(equivalent treatment) 사이를 구분하도록 한다. 예를 들어, 사람들이 갖는 필요는 다르며, 우리가 그러한 다양한 필요를 충족시키기 위해 다른 이들과 우리 자신을 다른 방식으로 다루려 할 때, 우리는 그러한 존엄성을 존중하고 있는 것이지 위반하고 있다고 볼 수는 없다. 이런 맥락에서, 불편부당한 평가(appraisal)와 불편부당한 대우(treatment) 사이를 구분할 수 있을 것이다. 둘째, 때때로 그러한 존엄성은 우리로 하여금 동등한 고려와 동일한 대우를 결합하도록 요구한다. 많은 경우, 인간으로서 갖는 기본적인 필요는 크게 다르지 않다. 만일 이 점을 받아들인다면, 불편부당성은 사람들 사이에 도덕적으로 적합한 차이들이 존재하지 않는데도 우리가 사람들을 다르게 다루었을 때 우리에게 비일관성 혹은 임의성의 책임을 묻는다 해도 우리는 이의를 제기하지 못할 것이다. 그러한 경우에 있어서 우리는 쉽게 불편부당한 평가와 불편부당한 대우를 결합할 수 있다. 그러나 모든 인간이 차별 없이 가지는 존엄성을 인정하지 않는다면 불편부당성은 불편부당한 평가라는 규범적 토대를 확보하지 못할 것이다. 그러한 존엄성 인정은 모든 사람을 긍정적으로 평가하도록, 다시 말해 각 사람은 도무지 축소될 수 없고 다른 어떤 존재에도 환치될 수 없는(irreducibly valuable) 소중한 존재로 평가하도록 하는 매우 중요한 규범적 의미를 제공한다. 그러나 이러한 평가가 모든 인간관계에서 언제나 요청되거나 금지되는 특정한 행동들을 적절히 고려하지 않는다면 공허하게 보일 수도 있다. 사람들이 갖는 가치와 존엄성을 인정한다면, 우리가 사람들에게 언제나 해야 하거나 혹은 하지 말아야 하는 것에 대한 구체적인 기준들이 있어야 한다고 생각하는 것이다. 우리는 어떤 특정한 기준들에 대해서 동의하지 않을 수 있다. 어떤 것들은 개정하고 싶어 할 지도 모른다. 그러나 이런 종류의 기준들(사람들이 갖는 가치와 존엄성을 인정하고 뒷받침하는 구체적인 기준들)이 적절하다는 점을 부정할 수는 없을 것이다. 이 기준들은 모든 인간이 그 존엄성에 있어 동등하다는 공리를 토대로 하여 타인에 대하여 특정한 행동을 요구하거나 금지하거나 할 때 상대적으로 비교하거나 차별하는 것을 지양하도록 하는 노력을 장려한다. 우리가 기꺼이 이 기준들을 받아들이려 한다면 불편부당성은 이 기준들에 근거해야 할 것이다. 그리하여 우리가 일관성을 지키려 하면서 치우침 없이 공정하게 판단하고 행동함으로써 곧 유사한 경우들에서 일관성 있게 행동함으로써, 좋은 것은 어떤 것도 하지 말라고 요구하거나 해로운 것은 하라고 요구하는 식(式)의 부당한 요구를 피할 수 있게 된다. 롬바르디(Vincent Lombardi, 전설적인 미국풋볼 선수이자 코치) 감독의 선수들 가운데 하나가 그에 대해 이렇게 말했다고 생각해 보라. "그는 우리 모두를 똑같이 다루는데, 개를 다루듯 한다." 이와 유사하게, 만일 법 집행 체계가 모든 사람을 변호하는 한 사람의 동일한 (어떤) 변호인 두기를 거부한다면, 상대적인 불공정은 존재하지 않을 것이다.[10] 우리가 관심하는 불편부당성은 실체적 공정함에 더 가깝다. 헌법 이론의 용어로, 그것은 실체적이며 마땅히 밟아야 할 과정을 요구하지(substantive due process), 단순히 과정적으로 적절한 과정을 요구하는 것은 아니다(procedural due process). 따라서 불편부당성은 획일적으로 적용하고 지키려 할 때 받을 수 있는 공격 곧 비인간적인 것이나 무관심을 허용하게 된다는 공격을 받지 않아도 될 것이다.

  이러한 공격을 해소하기 위해서 불편부당성은 자아와 타자의 관계에 대한 명확한 제안을 해야 할 것이다. 많은 현대 철학자들이 보편주의로부터 불편부당성으로의 전환을 본질적인 측면에서 옳다고 여기고 있다는 것임을 상기함으로써, 이 제안이 무엇을 의미하는지에 대한 답을 찾아 가고자 한다. 예

---

10) 첫 번째 예는 화인버그(Joel Feinberg)에서 왔음을 밝힌다. Feinberg, *Social Philosophy* (Englewood Cliffs, N.J.: Prentice-Hall, 1973), 98. 두 번째 예는 휘셔(John Martin Fischer)의 미간행 논문에서 왔다.

를 들어, 공리주의자들(utilitarians)과 신칸트주의들(neo-Kantians)은 이 점에서 동의한다. 도덕성에 대한 그들의 이해는 그 대상 범위에 있어 보편적이어야 함을 요구한다. 공리주의의 경우, 도덕성의 구성요소는 모든 인간을 포함하지만, 인간 존재에게만 한정되어서는 안 된다. 이것은 고통을 느낄 수 있는 모든 생명체에로 확장될 수 있다. 분명히 이러한 견해는 신중심적 관점에서의 보편적 사랑과는 다르다. 예컨대, 이들이 제시하는 도덕적 판단은 그 범위에서 보편적이지만, 의도적으로 하나님께 대한 모든 언급을 빼버린다. 더욱이 공리주의자들과 신칸트주의자들은 서로 다른 부분이 있으며, 이 점을 소홀히 여겨서는 안 된다. 그럼에도 그들이 확고하게 동의하는 주장이 있는데 이를 살펴보아야 한다. 곧 이 둘 모두 인간관계에서 자아와 타자 사이의 불편부당한 관계를 장려한다. 그래서 헤어(R. M. Hare)는 주장하기를, 우리는

우리 자신과 다른 사람들 사이에서 불편부당해야 하는데, 타자선호에 *더 큰* 비중을 둔다는 의미에서 이타주의가 아님을 내포한다. 우리는 우리 자신을 포함해서 모든 인간을 동일하게 대우해야 한다. 우리가 다른 이들이 우리에게 해 주었으면 바라는 *대로* 우리도 그들에게 해주어야 하고 또 우리 자신을 사랑하는 *만큼*(더 많이 말고) 우리의 이웃들을 사랑해야 한다. 우리는 우리 자신의 선호에 대해 특별히 더 큰 비중을 허락하지 않는데, 왜냐하면 우리는 도덕적 사고를 하고 있기 때문이다. 그러나 우리 자신이 갖는 선호들에 있어서, 우리가 관련 당사자들이라면 다른 이들과 동등한 비중으로 다루어져야 한다.[11]

지월스(Alan Gewirth)도 같은 맥락에서 주장한다.

다른 이들의 자유와 복지가 문제가 되면, 행위자는 자기 자신과 다른 이

---

11) R. M. Hare, *Moral Thinking: Its Levels, Method and Point* (Oxford: Claredon Press, 1981), 129.

들 사이에서 어느 쪽으로도 치우쳐서는 안 된다. 그래서 그는 자기 자신의 것 뿐 아니라 그들의 자유와 복지도 존중해야 한다.... 평등을 요구받는다면.... 양쪽 방향을 다 포함해야 한다. 어떤 행위자가 그의 행위의 대상들을 위하여 자기 자신의 자유와 복지를 포기할 것을 요구해서는 안 된다. 그들은 일반적인(혹은 공동의) 선(善)에 있어서 그 행위자에 균형 있게 접근할 권한을 갖지만, 그들 자신의 선호에 있어 불균형적으로 접근할 권한을 가지고 있지 않은 것처럼, 그 행위자의 선호에 있어서도 그렇다.[12]

다시 말하지만, 이러한 진술들에서 나타나는 몇 가지 내생적인 논쟁점들이 있다. 지월스는 자유와 복지에 초점을 두는 반면 헤어는 선호들에 호소한다거나, 지월스는 일반적인 선(善)에 대한 *권한*에 대해 말한다든지 하는 논쟁점들을 그 보기로 생각할 수 있다. 그러나 이것들에 대해서는 다루지 않을 것이다. 여기서 필자의 관심은 이 둘 모두가 강조하고 있는 자아와 타자 사이의 불편부당성이다. 여기서 헤어는 자아가 아니라 타자에게 더 큰 비중을 두는 이타주의를 허용하지 않는다. 지월스는 타자를 위한 불균형이 요구되어서는 안 된다고 강조한다.

앞에서 인용한 두 문장에서 우리는 불편부당성이 명령하는 이웃과 자아 사이의 관계 규범의 요점을 만난다. 우리는 우리 이웃의 경우와 우리 자신의 경우에서 우리가 판단하기에 사랑의 법이 요구하거나 칭송하는 또 허용하거나 금지하는 것은 무엇이든지 사랑의 법이 명령하는 대로 장려해야 한다. 이웃과 자아는 똑같이 관심과 돌봄의 대상이어야 한다. 이타주의가 그렇게 하는 대로, 이웃의 복지에 더 큰 비중을 두어야 한다고 요구해서는 안 된다. 최소한 우리는 이웃과 자아 사이에 균형을 허용해야 한다.

---

12) Alan Gewirth, *Reason and Morality* (Chicago: University of Chicago Press, 1978), 140. 지월스와 헤어 사이의 차이를 식별하기 위해 다음의 문헌을 읽으라. R. M. Hare, "Do Agents Have to be Moralists?" 그리고 Alan Gewirth, "Replies to My Critics," in *Gewirth's Ethical Rationalism*, Edwards Regis, Jr., ed. (Chicago: University of Chicago Press, 1984), 52-58, 205-15, 219-22.

2) 비공식적 연계(an informal alliance)

이 주장을 다루기 위해 불편부당성에 대해 좀 더 논해야 하겠다. 현대의 논의에서 불편부당성이라는 주제는 하나의 독자적인 관점이 아니고, 일단(一團)의 관점들이다. 이 관점들을 하나로 묶는 요소는 이들이 공통적으로 일반화 혹은 '인격 상호간의 일관성'을 강조한다는 것이다. 내가 한 사람에 대해 옳다고 판단한 어떤 행위나 인격의 특징 등을 유사한 상황에 처해 있는 유사한 대상들에게서 발견한다면 그 때도 동일하게 옳다고 판단해야 한다. 모든 사람은 긍정적으로 가치 있는 존재라는 점을 가정하면서 '유사한 경우에 유사한 판단들' 이라는 개념을 인정해야 한다.

이러한 일관성에 대한 강조는 전통적으로 규범적인 구속력을 가지고 있는데, 굳이 어떤 특정한 윤리 이론에 통합시킬 필요도 없다. 자주 이것은 황금률에 예시되는 '역할 전도 테스트'(role reversal test)로 나타난다. 윌리엄스(Bernard Williams)와 같은 불편부당론 비판가도 역할 전도 테스트는 '윤리적 사고의 가장 기본적인 요소'라고 강조한다.[13] 많은 성서 기자들은 자기 편애를 비판하기 위해 이를 사용하고 있는 것을 어렵지 않게 찾을 수 있다.[14] 다윗에 대한 선지자 나단의 비판을 생각해 보라(삼하 11-12장). 우리아의 아내와 결혼하기 위해 우리아를 전쟁터에 보냈을 때 다윗 자신도 자신이 악한 일을 했다는 것을 인정하는데, 이러한 인정은 나단이 비슷한 악행의 상황 가운데 다윗을 투영한 이후에 이루어졌다. 예언자 아모스를 생각해 보라(암 2:6, 3:1-2, 7:7, 9:7). 그는 "이웃 나라들의 범죄에 대한 심판을 선언함으로써 청중들의 경청을 이끌어내며, 그 심판의 메시지에 대해 이스라엘의 청중들은 기꺼이 동의할 것이다. 그리고 나서 아모스는 이스라엘 청중들에게 초점을 옮기

---

13) Bernard Williams, *Ethics and the Limits of Philosophy* (Cambridge, Mass.: Harvard University Press, 1985), 82. 그러나 이 테스트에 대한 해석은 다양하다. 이를 위해 다음을 참고하라. J. L. Mackie, *Ethics: Inventing Right and Wrong* (Harmondsworth: Penguin, 1977), 83-102.

14) 구약성경, 랍비 문헌, 필로(Philo) 그리고 사도 바울 등을 자료로 삼아 하나님의 불편부당성에 관한 비교연구를 수행한 작품으로 다음을 참고하라. Jouette M. Bassler, *Divine Impartiality: Paul and a Theological Axiom* (Chico, Calif.: Scholars Press, 1982).

면서, 다른 이들을 심판할 때 그들 자신이 적용했던 같은 기준을 자신들에게도 적용하라고 요구한다."[15] 바울 역시, 다른 사람들에게 선언했던 똑같은 판단으로 스스로를 비판해야 한다고 생각한다. "그러므로 남을 판단하는 사람아, 누구를 막론하고 네가 핑계하지 못할 것은 남을 판단하는 것으로 네가 너를 정죄함이니 판단하는 네가 같은 일을 행함이니라"(롬 2:1).

우리는 자주 '인격 상호간의 일관성'으로서의 불편부당성에 대한 강조를 정의, 공정함, 공평 그리고 두 번째 사랑의 계명에 대한 강조에 연관 지을 것을 요구받는다. 이러한 강조를 우리가 일상생활에 적용할 때 유사한 규범적 작용을 하게 된다. 이러한 작용은 세 가지 긴밀히 연결된 의미를 갖는다. 첫째, 이것은 *누구든지* 자기 자신 뿐 아니라 이웃이나 국가를 위해 임의적인 예외를 두려 할 때 그에 반대해야 하는 이유를 제공한다. 둘째, 특별히 선한 이유 없이(혹은 구체적으로 비인격적인 이유로) 우리 이웃보다는 우리 자신을 편애하는 쪽으로 움직이려는 경향이 있는 한에 있어, *이러한 경향성*을 식별할 수 있는 관점을 제공한다. 위에서 인용한 성경 본문들은 모두 이러한 편향성에 직접적으로 반대하고 있음을 알 수 있다. 요컨대, 이러한 규범적 작용은 전형적으로 자기비판을 고양하는 데 유용하다. 셋째, 그러므로 나 자신을 좀 더 객관적인 시각으로 바라보라는 권고를 받는다. "어떤 의미에서 네 몸과 같이 네 이웃을 사랑하는 것은 필연적인 명령이다. 그렇게 네 몸과 같이 사랑함은 너 자신을 외부로부터, 다시 말해 객관적으로 공정한 시각을 가지고 너 자신을 바라보면서 너 자신을 사랑하는 만큼 사랑함을 의미할 것이다."[16] 객관적으로 공정함을 추구하는 것은 그 자체로 '사랑의 일'이 될 수 있는 것이다.

기독교 전통 안에 있는 사람들은 이러한 강조를 규범적 판단을 내리는 데 있어 일상적으로 사용한다. 이러한 강조는 단순히 외부로부터 부과된 것이

---

15) H. Richard Niebuhr, "Introduction to Biblical Ethics," in *Christian Ethics*, 2nd ed., Waldo Beach and H. Richard Niebuhr, eds. (New York: Ronald Press, 1973), 126.

16) Thomas Nagel, *Mortal Questions* (Cambridge: Cambridge University Press, 1979), 126.

아니다. 그러므로 우리는 두 번째 사랑의 계명(이웃 사랑의 계명)과 인격 상호 간의 일관성으로서의 불편부당성(이론적 차원이 아니라 실제적으로 경험하고 실행하는 의미에서) 사이에 광범위하면서 중요한 연관성이 존재함을 알 수 있다. 우리의 비판적인 초점을 자기 편애에 두었지만, 우리의 이웃도 자아도 규범적 고려의 대상에서 배제하지 않았다. 여기까지, 보편적 사랑과 양립할 수 있다. 그러나 이 이웃 사랑의 계명과 불편부당성 사이의 연계(연관)는 실제 상황에서 얼마나 의미가 있는지 없는지에 상관없이, 매우 현실적이며 또 자연스럽게 발생하는 것이다. 다만 우리는 불편부당성이 우리가 다른 이들과 우리 자신을 사랑하는 데 있어서 가장 믿을 만한 방식이라는 주장에 대해 좀 더 엄격한 잣대를 가지고 검토해야 하리라고 본다. 이제 현대적 논의에서 불편부당성이 어떻게 실증적인 윤리 이론들에 통합될 수 있는지에 대해 검토하고자 한다.

3) 불편부당성에 대한 현대적 해석들

이제 불편부당성이 현대 도덕 철학에서 어떻게 좀 더 전문적인 의미들을 획득하고 있는지를 살펴보도록 하자. 앞에서 언급한 바와 같이 불편부당성에 대한 두 가지 변호에서 발견할 수 있는 두 가지 의미를 생각하려 한다. 첫째는 공리주의와 관련이 있고, 둘째는 칸트적인 개념들 그리고 계약론의 지류들에서 나타나는 이슈들과 가깝다. 앞에서 본 대로, 이 둘 모두는 불편부당한 도덕적 숙고를 기반으로 하여 자아와 타자에게 똑같은 비중을 부여한다.

헤어는 공리주의자들이 유명하게 만든 공식에 천착한다. 곧 우리는 우리 자신을 (여럿 가운데) 하나로, 그 이상도 그 이하도 아닌 하나로 가치 인식해야 하며, 결코 우리 자신에게 특권적인 지위를 부여해서는 안 된다는 공식이다. 타자의 선호와의 행위자의 상상적 동일시(imaginative identification)의 관점에서, 이러한 가치 인식을 설명한다. 행위자로서 나는 내가 관련된 타자로서 선호했을 것 뿐 아니라 내가 다른 이의 위치에 있었다면 선호했을 것(다른 이들의 욕구나 목적들)을 고려해야 한다.

불편부당성에 대한 공리주의적 진술에서 우리는 크게 세 가지 측면에서 특징적인 논점을 찾을 수 있다. 첫째, 상상적 동일시는 그것이 이상적으로 완성됐을 때 행위자의 어떤 상상을 내포하는데, 이 상상 속에서 그 행위자는 어떤 행위의 영향을 받는 사람들 모두와 자신을 동일시하게 될 것이다. 다른 이들의 선호는 자신의 것만큼 행위자와 동등하게 가까이 있어야 한다. '동등하게 가까이'라는 개념이 의미하는 바는 그 행위자는 실제로 다른 이들의 선호를 획득해야 한다는 것이다. 그 선호들 모두는 그것들을 자기 자신에게로 통합함으로써 감지되어야 한다. 이러한 흡수적 동일시(absorptive identification)는 '이상적 관찰자 이론'과 유사하다. 이 이론은 "전지하고 치우침이 없으며 또 자애로운 관찰자(세계 행위자로 일컬어 질 수도 있는 존재)를 가정하는데, 모든 사람의 선호들을 획득하여 그것들을 하나로 묶는다."[17] 이렇게 동일화하는 관찰자는 어떤 객관적으로 초연한 관찰자와는 다른데, 후자는 자신이 어떤 행위에 의해 영향을 받는 사람들 가운데 그 어느 누구도 아니지만, 그 사람들을 외부로부터 독립적으로 떨어져서 바라보는, 다시 말해 감정적 선호를 뛰어넘어 철저히 객관적으로 바라보는 관찰자이다. 흡수적으로 동일화하는 관찰자와 객관적으로 초연한 관찰자, 이 둘 모두는 보통 계약론에 등장하는 인물과 구별된다(롤즈⟨John Rawls⟩가 예시하는). 이 인물은 행위자인 동시에 수용자이며, 스스로를 동일화를 추구하는 사람들 가운데 하나라고 상상하지만 그가 누구인지는 명시적으로 알 수 없다.[18]

둘째, 자애로운 사랑이 동기가 된 흡수적 동일화를 내포하는 공리주의는 부정적 책임의 교리와 관계가 있다. 부정적 책임이란 "나는 나 자신에게 한 일에 대해 책임이 있는 것과 같이 내가 발생하도록 허용하거나 혹은 발생하지 못하도록 하는 데 실패한 것에 대해서 책임을 져야 한다."는 것을 의미한다.[19]

---

17) Williams, *Ethics and the Limits of Philosophy*, 83.
18) Derek Parfit, *Reasons and Persons* (Oxford: Clarendon Press, 1984), 331.
19) Bernard Williams, "A Critique of Utilitarianism," in *Utilitarianism For and Against*, J. J. C. Smart and Bernard Williams (Cambridge: Cambridge University Press, 1973), 95.

단순히 전반적인 복지를 감소시키지 않도록 힘써야 할 뿐 아니라 적극적으로 그것을 증진시키기 위해 힘써야 한다는 엄격한 요구가 행위자에게 주어진다. 오직 인간의 유한성만이 이러한 요구를 제한한다. 윌리엄스는 부정적 책임은 공리주의자들이 불편부당성을 발전시킨 극단의 형태라고 주장한다. 여기서 불편부당성은 최대의 행복을 만들어 내는 결과를 내가 가져오는지 아니면 다른 누군가 가져오는지, 이 둘 사이에 차이가 존재하지 않음을 의미한다. 중요한 것은 결과다. 여기서 잘 알려진 대로, 공리주의가 견지해 온 결과주의에 대한 헌신이 작용한다. 최상의 가치는 그것이 무엇이 되었든 행복을(복지를) 최대화하는 것이다.[20]

셋째, 자기 자신에게 부과된 요구들과 다른 이들에게 부과된 요구들 사이에 명확한 경계가 존재하지 않는다는 점은 어떤 행위자의 결정은 다른 이들의 결정에 의해 임의적으로 영향을 받을 수 있다는 것을 내포한다. 전체적인 인과의 관계 속에서 이루어지는 변화에 따라 사람들의 결정은 지속적으로 변화하게 된다. 그러한 인과 관계의 실제적인 상황이 도덕적 평가의 기준이 된다. 공리주의의 비판가들은 이러한 기준이 행위자들을 자신들의 행위와 신념으로부터 분리시킨다고 주장한다. 여기서 인격적 통전성이 위험에 처한다.[21]

불편부당성에 대한 두 번째 변호는 칸트의 계승자들에게서 발견되며 계약이라는 개념에 근거한다. 여기서 관심사는 불편부당하게 받아들여질 수 있는 원리와 규칙들을 행위자이면서 동시에 수용자로서 서로 관계를 맺고 살아가는 사람들에게 적용하려고 하는 문제이다. 여기서 원리들은 모두 동의할 수 있는 것이어야 함을 가정한다. 이성적인 사람이라면 누구도 거부할 수 없는 동의(혹은 의견일치)가 요구된다. 이러한 동의는 분명하게 알려져야 하고

---

20) Williams, "A Critique of Utilitarianism," 96. 공리주의적 불편부당성은 "행위자의 정체성으로부터 추출되는데, 그러한 추출의 과정에서 세상 속에 인과적 개입이 일어난 지점을 확인해 두는 수고를 할 뿐이다."
21) *Ibid.*, 116-117.

강제되어서는 안 되며 또 일반적인 것이어야 한다.[22] 또한 이것은 관련된 모든 당사자들 사이에, 자신과 타자 사이의 관계에서 그리고 다른 이들 사이에서 모두, 동등한 관계성을 요구한다. 이 요구를 충족시키기 위해, 롤즈 같은 이는 '무지의 장막' 뒤에 존재하는 반성적 일치를 구축한다. 우리 모두의 동의는 우리가 개인적으로 무엇을 어떻게 할 것인지에 대한 지식을 선행한다. 생산적 결과에 기여하고 또 그 결과를 향유할 수 있는 '누군가'일 수 있는 가능성이 모두에게 동일한 가능성이 되어야 한다는 점을 확실히 하기 위해 형성된 원리들에 우리가 천착할 때, 이러한 동의는 합리적이라 할 수 있다. 그러나 여기서 이 원리들은 자애로운 사랑을 포함할 필요는 없으며 또 이타주의를 배제한다. 이 원리들과 결부된 상황들에 관련하여, 롤즈는 "상호적 공평무사와 무지의 장막을 통합하는 것은 '지식에 더한 사랑'"이라는 대안 보다 더 단순하고 분명한 것이라 생각하지만, '상호적 공평무사'와 '무지의 장막'이 동일한 목적을 성취한다고 생각하지는 않는다. 어찌 되었든, 이 둘의 통합은 "각 개인으로 하여금 다른 이들의 선을 고려하도록 요구한다."[23]는 점을 지적해 두어야 하겠다.

각 개인으로 하여금 다른 이들의 선을 고려하도록 요구하는 신칸트주의적 시도는 전형적으로 사람들 사이에 존재하는 개별성(혹은 분리성)을 존중하는데, 이는 공리주의에서는 찾을 수 없는 바이다. 그리하여 "이러한 계약적 요소에 관한 개념은 불특정하고 추상적인 참여자들의 관계에서조차 개인의 만족을 충족하는 과정에서 허용되는 거래(trade-off)를 최소한의 선에서 통제하는 제한 사항이 존재한다는 점을 부분적으로 드러낸다."[24] 근본적인 차원에서는 단순히 결과만이 아니고 행위들과 행위 규정들도 중요하다. 계약은 모든 사람의 동의(의견일치)에 근거하기 때문에, 행복을(복지를) 극대화하는 것에 최

---

22) T. M. Scanlon, "Contractualism and Utilitarianism," in *Utilitarianism and Beyond*, Amartya Sen and Bernard Williams, eds. (New York: Cambridge University Press, 1971), 110.
23) John Rawls, *A Theory of Justice* (Cambridge, Mass.: Harvard University Press, 1971), 148-149.
24) Bernard Williams, *Moral Luck* (Cambridge: Cambridge University Press, 1981), 3-4.

상의 가치를 부여하지는 않는다. 이것은 리챨즈(David A. J. Richards)의 공리주의 이해 곧 공리주의는 총체적 인과 관계의 상태에 초점을 맞춤으로써 생기는 결과라는 이해에 대한 중요한 비평의 관점을 제공한다고 하겠는데, "이는 어떤 이들의 욕구를 더 만족시키기 위해 다른 어떤 이들의 필요를 만족시키는 것을 희생한다거나, 다른 이들의 욕구를 좀 더 증진시키기 위해 다른 어떤 이들의 욕구를 만족시키기를 거부하는 것 등을 그 보기로 들 수 있다."[25]

공리주의와 신칸트주의의 견해들은 불편부당성이 특정 윤리 이론의 관점에서 어떤 의미를 갖는지를 잘 보여준다. 불편부당성은 그것을 통합하는 철학 체계의 고유한 특징들로부터 영향을 받으며 그 의미를 획득해 간다. 기독교윤리는 상응하는 체계는 아닐지라도, 기독교의 울타리 안에서 불평부당성을 검토하는 과정에서 기독교의 고유한 특징들로부터 영향을 받게 될 것이다.

필자는 이제 지금까지 논의한 바를 심화하려 한다. 보편적 사랑에서 불편부당성으로의 전환에 대한 반대 입장들을 몇 가지로 구분하려 한다. 이웃에 대한 관계와 자기 자신에 대한 관계 사이에 존재하는 불균형성을 고찰하려 한다. 필자는 이제 지금까지 논의한 바를 심화하려 한다. 보편적 사랑에서 불편부당성으로의 전환에 대한 반대 입장들을 몇 가지로 구분하려 한다. 이웃에 대한 관계와 자기 자신에 대한 관계 사이에 존재하는 불균형성을 고찰하려 한다. 필자는 이제 지금까지 논의한 바를 심화하려 한다. 보편적 사랑에서 불편부당성으로의 전환에 대한 반대 입장들을 몇 가지로 구분하려 한다. 이웃에 대한 관계와 자기 자신에 대한 관계 사이에 존재하는 불균형성을 고찰하려 한다.

---

25) David A. J. Richards, *A Theory of Reasons for Action* (Oxford: Clarendon Press, 1971), 87.

제2부

이웃에 대한 관계(자아ㆍ타자 관계)와
자기 자신에 대한 관계(자아ㆍ자아 관계)
사이에 존재하는 네 가지 불균형성

제2부 이웃에 대한 관계(자아·타자 관계)와 자기 자신에 대한 관계(자아·자아 관계) 사이에 존재하는 네 가지 불균형성

3. 불편부당성은 내가 이루기 위해 힘써야 하는 목적인가?

두 가지 반대가 불편부당성을 결함이 있는 것으로 보는데, 자기 자신의 복지에 대해 과도한 관심을 보이기 때문이다. 첫째는 전적으로 규범적이다. 불편부당성은 자기 부인과 십자가를 짊어짐 그리고 오리를 가라 하면 십리를 가고 다른 편 뺨도 돌려 대는 사랑에 대한 전형적인 기독교의 강조를 받아들이는데 실패한다. 이웃의 선(善)을 우리 자신의 선과 동등하다고 보는 입장은 분명히 입증될 필요가 있을 것이다. 그러나 그러한 입장은 타자를 위해 자기 자신을 희생함이 마땅하다고 강조하는 이타주의적 입장이 요구하는 바 보다는 희생과 헌신의 정도가 더 적다고 하겠다. 여기서 이러한 이타주의적 입장은 규범적 불균형성의 한 형태이다.

1) 두 가지 판단들: 오십 대 오십으로 나누는 것을 거부하고, 자아·타자 그리고 타자·타자 구분을 받아들이라.

이 첫 번째 규범적 불균형성의 관점에서, *아가페*는 이웃에 대한 '편애성'으로 특징지을 수 있다. 램지(Paul Ramsey)의 말이다.

[헨리] 시즈윅([Henry] Sidgwick)은 그럼에도 '정의를 유사한 사례를 유사하게 다루는 것'으로 규정한다…. 기독교윤리의 관점에서 말한다면 어떤 사람과 그의 이웃 사이에 있는 기반을 오십 대 오십으로 나누는 것을 불충분한 것으로 판단해야 한다…. 기독교 사랑의 의미는 시즈윅과는 분명한 대조를 이룰 수 있다. 이것

은 '유사한 사례들을 유사하지 않게 다루는 것,' 다시 말해 나와 다른 사람 둘만이 연루되는 경우에서 타자의 선(善)을 나 자신의 선보다 *더 중요하게* 여기는 것을 의미한다.... 사회윤리에서 그토록 중요한 정의의 개념을 소홀히 여긴다면 사람들이 자기 자신의 명분을 판단할 때 치우칠 경향이 큰 것처럼, 기독교 사랑(자기사랑을 뒤집은 것으로서)은 편애성을 가지고 *이웃*의 명분을 판단하며, 그 이웃의 명분은 자신의 것과 상당히 다른 것으로(유사하지 않은 것으로) 다룬다.[26]

이 문장에서 우리는 규범적 불균형성의 옹호자들이 공유하는 두 가지 판단을 찾을 수 있다(이들을 우리는 기독교 이타주의자들이라 부를 수 있을 것이며, 그 대표자로서 램지에 초점을 두고 생각할 수 있을 것이다).

첫째, 이들은 보편적 사랑과 '어떤 사람과 그의 이웃 사이의 기반을 오십 대 오십으로 나누는 것'을 대조한다. 이들은 후자를 불편부당성과 연결하여 생각한다. 일반적으로 이들은 불편부당성을 내가 내 이웃을 사랑하는 만큼 정확하게 똑같이 나 자신을 사랑할 것을 요구한다는 식으로 이해한다. 그리고 좀 더 구체적으로, 이 요구는 두 가지 전략 가운데 하나의 형태로 나타난다고 생각한다. 첫째, 포괄적인 '이에는 이, 눈에는 눈' 식(式)의 주고받음(tit-for-tat)은 정당화되는데 그러한 주고받음에서 발생이 예상되는 위험과 희생 그리고 유익과 보상을 연관시킨다. 둘째, 필자는 도너건(Alan Donagan)이 제안하는 조항 하나를 정당화하고자 한다. "타자의 선을 획득하는 것이 오직 자기 자신을 위한 등가의 혹은 더 큰 선을 포기함으로써만 가능하다고 가정한다면, 그 타자를 위한 선의 획득을 내가 거부한다고 해서 내가 그를 이성적 피조물로 존중하지 못하고 있다고 판단해서는 안 된다."[27] 나에게 생길 수 있는 불균형적인 불편함 없이 타자를 위해 내가 획득하는 선은, 그것이 어떤 것이든 간에, 이 조항에 의해 통제된다. 이 두 가지 전략은 다음과 같은 성경의 증언들을 존중하는 전통에서 적

---

26) Paul Ramsey, *Basic Christian Ethics* (New York: Charles Scribner's Sons, 1950), 243.
27) Alan Donagan, *The Theory of Morality* (Chicago: University of Chicago Press, 1977), 86.

합하지 못한 것으로 판단된다. 그 증언들에는 선한 사마리아인의 비유, 제자들의 발을 씻기시는 예수의 이야기, 원수를 사랑하라는 명령, 사랑은 자기의 유익을 구치 않는다는 가르침, "누구든지 자기의 유익을 구하지 말고 남의 유익을 구하라"는 바울의 권고(고전 10:24), 그리고 기독교인의 실존의 패러다임으로서의 십자가 등이 포함된다. *아가페*는 포괄적인 '이에는 이, 눈에는 눈' 식(式)의 주고받음이 정당화하는 이해타산적(利害打算的) 관계형성을 초월하려고 할 것이다. 그리고 이것은 균형적인 편리(proportionate convenience)에 관한 조항이 명령하는 것 보다 자기 자신의 선에 관심을 두는 것에서 좀 더 위험 부담이 있는 쪽으로(타자를 위해 자기 자신을 희생하는 방향으로) 이동하는 전략을 강화할 것이다.

둘째, 램지와 같은 이타주의자들은 이웃을 때로 두 가지 다른 관점에서 바라봐야 한다고 주장한다. 첫째 관점은 자아·타자 관계이다. 즉 나는 나 자신의 복지에 대비해서 타자인 내 이웃의 복지를 생각한다. 둘째는 타자·타자 관계이다(이에 대한 좀 더 정확하지만 참 버거운 표현은 '자아·타자·타자들' 관계이다). 여기서 나는 다른 이 혹은 다른 이들의 복지에 대비해서 타자인 내 이웃의 복지를 생각한다. 우리는 내 이웃과 나만이 연루되는 상황(쌍방향적인 상황)으로부터 제3자들이 연루되는 상황(多방향적인 상황)을 구별해야 한다. 이는 *아가페적*이라고 간주되는 행동은 각기 다른 상황에서 다른 양태로 나타날 수 있기 때문이다. 역사적으로 이러한 분기(차이)의 문제는 무엇보다도 악에 대한 저항이라는 주제에 관련해서 집중적으로 논의되고 있는 것 같다. 램지는 내 생명에 위협이 되는 '적의 공격이나 혹은 내 생명을 노리고 있는 암살자'(어거스틴이 든 예들임)에 저항하기 위해 내가 해야만 하는 것은 그러한 적이나 암살자가 무죄한 제3자의 생명에 위협이 될 때 내가 해야만 하는 것과 달라야 한다고 주장한다.

타자·타자 관계에서, 나는 적이나 암살자 그리고 무죄한 제3자 모두를 나의 이웃으로 본다. 그러나 내가 아무 것도 하지 않는다면 그 무죄한 이웃은 또 다른 이웃의 부당한(정당한 이유 없는) 공격에 의해 치명적인 피해를 볼 수도 있을 것이다. 그 무죄한 이웃을 위해 개입하는 것이 더 사랑의 일에 가깝지 않은

가? 기독교 주류 전통의 입장에 공감하면서 램지를 긍정으로 답한다. 무죄한 사람을 보호하기 위해 개입할 수 있다는 이러한 긍정은 때로 공동체 전반의 복지에 책임을 다하는 차원으로 확대되기도 한다. 그러한 책임은 통제 수단의 사용을 포함하는데, 무력(武力)으로 공격해 오는 불의한 침략자들에 대응하는 폭력의 사용을 그 보기로 들 수 있다. 그러나 이러한 긍정은 살인에 대한 원천적인 도덕적 정당화를 의미하는 것은 아니다. 그 불의한 침략자들에 대한 불가피한 대응에 있어서도 오직 침략의 행위를 제어하기 위해 필수불가결한 대응만을 정당화해야 할 것이며, 여전히 그들은 우리의 이웃임을 잊지 말아야 한다. 적의 공격의 무력화(無力化)가 목적이며, 할 수 있는 대로 어떤 심각한 상해가 생기지 않도록 최대한 노력해야 할 것이다. 그러기에 최루탄이 총탄보다 낫다. 그러나 자아·타자의 관계에서는 나를 위하여 (타자·타자 관계에서처럼) 유사하게 저항해서는 안 된다. 암브로스(St. Ambrose)는 개인적인 자기방어의 정당성을 부정하면서, 그 이유를 밝힌다.

[지혜로운 사람]은 그가 무장한 강도를 만났을 때…. 정당방위를 차원에서 폭력을 행사하지 않을 것인데, 자신의 생명을 보호하느라고 강도이지만 여전히 사랑해야 할 대상인 자신의 이웃에 대한 사랑을 약화시키거나 철회해서는 안 되기 때문이다. 이러한 입장에 대한 근거는 복음서에서 얼마든지 찾을 수 있다…. 어떤 강도가 그리스도를 죽이기 위해 오는 핍박자 보다 더 증오할 만한가? 그러나 그리스도는 그 핍박자에게 상처를 입히고 자신의 생명을 보존하려 하지 않으신다. 그리스도는 오히려 자신이 상처 입으심으로 모든 사람을 치유하길 원하시기 때문이다.[28]

---

28) Ambrose, *The Duties of the Clergy*, III, iv, 27, in *Nicene and Post-Nicene Fathers of the Christian Church*, Philip Schaff, ed. (New York: Charles Scribner's, 1887), Paul Ramsey, *War and the Christian Conscience* (Durham: Duke University Press, 1961), 37 에서 재인용. 암브로스에 따르면, 이 구절에서 "이웃을 사랑한다는 것"은 그리스도를 본받는 것을 의미하며 그리스도는 자신을 살해하려는 가해자를 대항하여 스스로를 방어하지 않으신다는 점을 드러낸다. 램지는 암브로스와 어거스틴, 이 두 사람 모두 사적 영역에서의 자기방어를 정당화하지 않았다는 점을 강조한다. 그러나 램지가 인용한 본문에서 어거스틴은 단순히 '그리스도를 본받음'이라는 근거와 다른 논리주장을 전개한다. 우리의 의지와

램지는 암브로스에 동의면서 아퀴나스가 자기방어에 대해 더 많은 여지를 남긴 것에 대해 안타까워한다. 그러나 램지는 아퀴나스가 후에 '이중 효과의 규칙'(rule of double effect)이라고 일컫는 것을 근거로 하여 계속해서 공격자를 이웃으로 인정하려 한다고 해석한다.[29]

이 두 가지 판단('오십 대 오십으로 나누는 것을 거부하는 것'과 '자아·타자 그리고 타자·타자의 구분을 받아들이는 것')은 좀 더 면밀한 검토가 필요하다. 이를 위해 필자는 두 가지 비교 작업을 수행할 것이다. 하나는 지금까지 다룬 기독교 이타주의와 세속적 불편부당론 사이의 비교이고, 다른 하나는 기독교 이타주의와 '평화 교회' 전통 사이의 비교이다. 이러한 비교는 첫 번째 불균형성에 대한 그리고 불편부당성에 대한 우리의 이해를 높이는데 유익할 것이다.

2) 기독교 이타주의와 세속적 불편부당론

우리가 본 대로, 이타주의자들은 불편부당성을 내가 내 이웃을 사랑하는 대로 정확하게 그렇게 나 자신을 사랑할 것을 요구하는 것으로 이해한다. 이 요구에 반응하고자 하는 두 가지 전략은 자아와 타자 사이에 *그 어떤 불균형도* 허락하지 않는다.

이 두 가지 전략('포괄적인 이해타산적 주고받음'과 '다른 이들에게 주는 모든 도움은 나 자신에게 불균형적인 불편을 초래하지 않는 행동으로 제한되어야 한다는 조항')은 아가페의 타자 배려의 요소와 조화를 이룰 수 없다고 주장하는 것은 일리가 있다고 필자는 생각한다. 그러나 정연하게 전개된 불편부당성의 이론들에서, 우리는 지금까지 살핀 불편부당성의 형태가 제시하는 것 보다 더

반하여 잃을 수도 있는 대상을 사랑해서는 안 된다고 주장한다. 하나님과 하나님 안에 있는 이웃은 그렇게 잃을 수 있는 대상이 아니다. 그러나 우리의 육체적 생명과 소유물들은 그렇게 잃을 수 있는 대상이다. 이 주장은 다른 뺨을 돌려대는 것은 자기사랑에 반하는 것이 아니라는 점을 내포하는 것처럼 보인다. 실로 우리는 우리의 생명을 구하기 위해서 하나님 안에서 우리의 생명을 위험에 빠뜨릴 수도 있는가 하면, 이 생명에 과도한 중요성을 부여함으로써 자기 자신을 잃어서는 안 된다는 도덕적 명령에 직면할 수도 있다. 이를 위해 다음을 참고하라. Augustine, *On Free Will*, Book I, C. 5, in *Augustine: Earlier Writings*, J. H. S. Burleigh, trans. (Philadelphia: Westminster, 1953), 118-20.
29) Ramsey, *War and the Christian Conscience*, 39-46.

많은 규범적 운용의 여지를 찾을 수 있다는 점을 지적해 두어야 하겠다. 그러나 앞에서 언급한 두 가지 전략은 정연하게 잘 전개된 불편부당성의 이론들이 허용하는 가능성의 범위를 수용할 수 없다. 불편부당성은 반드시 어떤 종류이든 계산적인 주고받음을 포함해야 한다고 주장한다면, 그것은 옳지 않다. 분명히 '역할 전도 테스트'를 그러한 계산적인 주고받음으로 환원할 수는 없다. 또한 불균형적인 불편을 허용해서는 안 된다는 조항은 행위자로서 내가 이웃의 복지를 증진하기 위해 무언가 행동하기로 동의하는 한, 긍정적으로 이웃의 복지를 증진하는 유사하지 않은 혹은 불균형적인 행동들을 불편부당성은 금지해야 한다는 점을 내포하지는 않는다.

이 점은 공덕적 행위에 대한 평가를 고려할 때 더욱 잘 이해할 수 있을 것이다. 이 평가는 불균형적 불편을 허용해서는 안 된다는 조항에 대해 조건(제한사항)을 설정한다. 예를 들어, 지월스는 불편부당성은 성인이나 도덕적 영웅의 공덕주의적 원칙을 '일관성이 없는 것'으로 만든다는 주장을 받아들이지 않는다. "어떤 사람이 영웅적인 행동을 할 때.... 그는 그의 삶과 자유의 박탈을 자발적으로 받아들이며, 그래서 그것은 자신의 일반적 권리를 위반하면서 행하는 경우가 아닌 것이 된다."[30] 그러한 자기희생은 행위자의 입장에서 보면 '은혜의 행동'(act of grace)이 되고, 그래서 엄격한 의무를 수행한 것이 아니다. 대신에 칭송받을 만한 일이 된다. 다시 한 번, 많은 불편부당성의 옹호자들이 무엇보다도 행위자가 *자기 자신의 선호를 위해* 일관성 없이 예외를 설정하는 것을 금지하려는 데 큰 관심을 갖고 있다는 점을 지적해 두어야 하겠다.

불편부당성의 옹호자들은 공덕주의에 대해 대략 다음과 같은 생각을 갖고 있다. 불편부당성은 이웃을 위한 비유사적인 혹은 불균형적인 행동들을 *허용하며* 또 실제로 그것을 칭찬받을 만한 것으로 간주한다. 그러나 불편부당성은 여전히 그러한 비유사적인 행동들을 *요구하지는* 않는다. 확실히 불편부당성은 행위자가 (예를 들어) 위험한 육체적 피해에 노출된 누군가에게 '적절한 도움'을

---

30) Gewirth, *Reason and Morality*, 188-89.

제공할 것을 요구한다. 이러한 요구는 신중하게 의도된 것이며, 필요, 친밀도, 능력 그리고 마지막 수단 등을 조건으로 하는 요구인 것이다.[31] 그러나 모든 행위자에게 '은혜의 행동들' (혹은 공덕적 행동들)을 요구하는 것은 적절치 않다. (필수적으로 수행해야 한다는) 요구는 그것을 완수하는 데 실패했을 때 다른 이들의 비난을 받을 만하다는 것을 내포한다는 점을 기억해야 한다. 그러나 은혜의 행동을 하지 않았다 해서 다른 이들의 비난을 받아야 되는 것은 아니다. 그런 행동을 하지 않기로 결정했다고 해서 비난 받는 것도 아니다. 그것에 실패했기에 *자기 자신*을 비난할 수 있지만, 그것이면 충분하다.

무엇이 인격 상호 관계에서 비난 받기에 마땅한 주제인지 또 어떤 것이 아닌지 사이에 구분을 짓는 것은 실제 상황에서 결코 쉬운 일이 아니며, 실제로 끊임없이 논쟁점이 되고 있다. 예를 들어, 심지어 불편부당성의 옹호자들 가운데에서도 다음과 같이 질문하는 이들이 있다. 우리가 칭송할 만한 것이라고 생각하는 공덕적 자기희생은 왜 '선택할 수 있는 것'으로 머물러야 하는가? 왜 그것을 '요구하면' 안 되는가? 그들은 결국 공덕적 자기희생은 선택 사항이어야 한다는 입장을 지지하게 될 것인데, 왜냐하면 불편부당론이 가장 이상적으로 혹은 철저하게 요구하는 도덕적 명령은 너무 엄격한 것이어서 일정 정도 완화(relaxation)의 과정을 거쳐야 하기 때문이다. 여기서 인간의 본능은 잘못된 것으로 정죄하기 보다는 관대하게 받아들여야 한다는 어떤 현실적 한계 인식이 작동하고 있는 것이다. 이러한 관용은 우리가 도덕적 주장들을 '동기부여의 차원에서 효과적인(최소한의 선에서라도 실현가능한)' 것으로 만들기 위해 치러야 하는 대가인 셈이다.[32] 예를 들어, 테레사 수녀가 따라야 했던 요구 사항들 보다 덜 버거운 요구 사항들은 상대적으로 큰 효용성을 얻게 되는데, 왜냐하면 사람

---

31) John G. Simon, Charles W. Powers, and Jon P. Gunnemann, *The Ethical Investor* (New Haven: Yale University Press, 1972), 22-26.
32) Thomas Nagel, *The View from Nowhere* (New York: Oxford University Press, 1986), 200-204.

들이 그러한 요구 사항들을 수용하고 실천할 가능성이 높기 때문이다.[33] 인간 본능의 한계들을 감안하면서, 내가 이웃을 유익하게 하기 위해 나의 권리 주장을 포기하기로 선택한다면, 나는 행위자로서 그렇게 할 자유가 있다고 말하는 것으로 만족한다.

요컨대, 지금까지 살핀 불편부당성의 이론들(견해들)에 근거해서 우리는 나는 내 이웃을 사랑하는 만큼 반드시 나 자신을 사랑해야 한다고 요구하지 않을 것이라는 결론에 이를 수 있을 것이다. 이 점은 불편부당성의 이론들과 본 저작에서 검토하고 있는 규범적 불균형성 사이에 존재하는 간격을 줄여 준다. 이러한 간격이 얼마나 더 줄어들 수 있는지는 우리가 이타주의자들의 두 번째 판단 곧 자아·타자 그리고 타자·타자 관계를 구별해야 한다는 판단을 고려할 때까지는 계속 불분명한 것으로 남을 것이다. 그리고 이 두 번째 판단에 관하여, 복잡한 이슈들이 많이 얽혀 있다. 무엇보다도 다음의 질문들에 응답해야 한다고 필자는 생각한다.

첫째, 공덕주의에 대해 먼저 생각해 보자. 우리가 본 대로, 불편부당론의 공덕주의 평가는 '이웃의 선을 증진하기 위한 규범적 운용의 여지'라는 관점에서 불편부당성의 비판가들이 생각하는 것 보다는 이웃을 유익하게 하는 쪽으로 더 많은 여지를 남긴다. 이 평가는 자아·타자 관계와 타자·타자 관계를 구분해야 하는 이유가 될 수 있다. 그러나 이타주의자들이 이 구분을 할 때 그들이 주된 근거로 삼는 이유는 아니다. 문제의 핵심이 무엇인지를 밝히기 위해 우리는 기독교 안에서 공덕주의가 차지하는 위치를 고려해야 한다. 공덕주의에 대한 기독교의 평가는 복잡다단한 역사를 간직하고 있다. 상반된 평가들이 등장한다. 이타주의자들의 입장이 무엇인지 밝혀야 한다.

가장 쉬운 방법은 불편부당론자들이 허용하는 공덕주의에 대한 변호에로 돌아가서, 그들의 변호와 기독교의 입장을 비교하는 것이다. 공덕주의의 세속적(비기독교) 옹호자들은 행위자동의에 근거하면서 타자의 선을 증진하는 쪽으

---

33) Hare, *Moral Thinking*, 198-201.

로 여지를 두는 자아와 타자 사이의 불균형을 허용한다. 이런 입장의 대표적 옹호자인 하이드(David Heyd)는 공덕의 전형적인 사례들로서 성인적이고 영웅적인 행동(예를 들어, 순교, 친구의 생존을 위해 자신의 생명을 희생하는 것), 자비롭고 관대하며 넉넉히 나누어 주는 행동, 친절과 배려의 행동, 용서, 자비 그리고 속죄를 지향하는 자발적 참여를 내포하는 행동 등을 생각한다.[34] 우리가 공덕을 의무로 환원하는 것을 거부할 때에만, 이러한 사례들은 이해될 수 있다고 하이드는 생각한다. 그러나 동시에 하이드는 공덕과 의무는 논리적으로 상호의존적이라고 주장한다. 이러한 상호의존성을 두 가지 특징을 들어 설명한다. *상호관계성*(correlativity)은 "공덕의 행동은 '의무가 요구하는 것' 이상이 된다는 점에서 특별한 가치를 있다는 점을 내포한다. 즉 그것은 의무적 행동에 대하여 오직 상대적으로 의미를 갖는다."[35] *연속성*(continuity)은 "공덕의 행동은 *도덕적*으로 선해야 함을 의미하는데, 그것의 가치는 의무적 행동을 선하고 가치 있는 것으로 만드는 같은 *형식*(혹은 방식)으로 선하고 가치 있는 행동이라고 간주됨을 의미한다."[36] 이 연속성이라는 특징은 공덕의 범주에서 니체적인 개인적 이상들(Nietzschean personal ideals)과 (의무적인 것도 아니고 도덕적인 것도 아닌 것으로서의) 미학적 가치들을 배제한다. 여기서 행위자허용(agent-allowance)에 초점이 있음을 지적해 두어야 하겠다. 이 불균형은 요구되어서는 안 된다. 허용되는 것은 오직 '금지하지 않는 것'이다. 공덕적 행위가 (의무의 행위는 그렇지 않은데) 행위자의 자유로운 선택의 가능성을 열어둔다는 점은 행위자로서 나는 다른 이들의 행동에 대해서 갖는 것보다 나 자신의 행동에 대해 더 넓은 범위의 자유를 가진다는 것을 의미한다. 또한 그러한 자유는 내가 공덕적 행동을 수행한다고 할 때 자아·타자 관계에서 나타날 수 있는 것이지, 타자·타자 관계에서 같은 방식으로 나타날 수 있는 것은 아니라는 점도 유념해야 한다. 제3자

---

34) David Heyd, *Supererogation: Its Status in Ethical Theory* (Cambridge: Cambridge University Press, 1982), 23.
35) *Ibid.*, 5.
36) *Ibid.*

들로서 나의 이웃들의 상호 관계 안에서 이루어지는 행동들을 평가할 때, 나는 '공덕'의 관점 보다는 '의무'의 관점에서 좀 더 용이하게 나 자신의 평가를 제어할 수 있는 것이다.

세속적 옹호자들이 정당화하는 대로 공덕과 의무가 구분되면서도 서로 연관되어 있다는 주장과 유사한 주장들을 기독교 전통 안에서도 찾을 수 있으며, 이 점에 대해 좀 더 언급하려 한다. 그러나 두 가지 사항을 고려할 때, 기독교인들은 공덕주의에 대한 불편부당론의 변호와 거리를 둘 수밖에 없게 된다.

첫째, 기독교인들이 선한 사마리아인이 행한 대로 누군가의 이웃이 되려고 하는 것은 단순히 그 이웃의 선(善)을 감소시키지 않도록 힘써야 할 뿐 아니라 증진하기 위해 힘써야 한다는 것을 내포한다. 특별히 개신교인들이 이런 부분에 있어 무한한 책임감을 갖고 있음을 본다.[37] 우리가 다른 이들을 위해 무엇을 해야 하는지에 관하여 특별한 제한 사항은 없다. 이 점은 선을 증진하는 것이 세속적 옹호자들이 가정하는 방식으로 행위자의 자유로운 선택에 달려 있다는 것을 의미하는가? 그러한 (이웃의 선의) 증진을 위한 행동은 필수적으로 요구되어야 하는가? 많은 기독교들은 이를 행하도록 요구받는다. 병원을 세워야 하고, 감옥에 갇힌 이들을 방문하고 말씀을 전해야 한다. 또 배고픈 이들에게 먹을 것을 주고 노숙자들에게 쉴 곳을 제공하며 고아들을 돌보아야 한다. 이러한 일들에 관심을 두는 것은 우리가 선택할 수 있는 어떤 지극히 고상한 선행의 영역 혹은 도덕적 이상의 영역에 속한다고 볼 수는 없다. 기독교 공동체에 속한 사람라면 누구든지 마땅히 해야 할 바이며, 만약 그러한 사역을 감당하는데 실패한다면 비난을 받는다 해도 그러한 비난을 부적절하다고 할 수 없을 것이다.

둘째, 앞에서 말한 대로 기독교의 공덕에 대한 평가는 복잡다단한 역사를 지니고 있다. "역사적으로 볼 때, 기독교 신학은 공덕 개념 형성의 기원을 이룬

---

37) 이 점은 개신교적 양심의 구조와 연관이 있는 것처럼 보이며, 논쟁의 여지는 있지만 '자유주의적 죄책'이라는 현상에서 세속적인 근거를 찾을 수 있을 것 같다. Gene Outka, "The Protestant Tradition and Exceptionless Moral Norms," in *Moral Theology Today: Certitudes and Doubts*, Donald G. McCarthy, ed. (St. Louis: The Pope John Center, 1984), 1958-59.

다"[38]는 언명은 주목할 만하다. 그러나 그 초점이 타자의 선을 증진하는 데 있지 않고 *행위자의 구원*이라는 특수한 목적에 있다는 점을 주목해야 한다. 예를 들어, 아퀴나스는 다음과 같은 방식으로 명령(precept)과 권면(counsel)을 구분한다. "명령은 의무를 의미하지만, 권면은 그것을 받는 사람의 선택의 가능성을 열어둔다."[39] 세속적 옹호자들도 이 정도까지는 아퀴나스를 따른다. 그러나 아퀴나스는 좀 더 나아간다. "명령은 영원한 은총이라는 목적을 이루는 데 필수적인 것들에 관한 것이고…, 권면은 이 목적에 이르는 것을 좀 더 확실하게 촉진시키는 일들에 관한 것이다."[40] 권면은 또한 행위자의 완숙(perfection)과도 관련이 있는데, 그 완숙의 상태에서 신자는 하나님께 대한 초점을 전혀 잃지 않으며 또 하나님께 철저하게 몰입한다. 여기서 권면은 "공덕적인데, 왜냐하면 그것이 완숙에 필수적인 것이지만, 구원을 위해서는 필수적인 것이 아니기(잉여적인 것이기) 때문이다."[41] 후자의 경우 – 특별히 '복음적 권면'(evangelical counsels)의 경우 – 모든 사람은 이 권면을 구원의 은총을 촉진하는 것으로 받아들이지만, 모든 사람이 그것들을 수행하는 쪽으로 자연스러운 경향성을 갖는 것은 아니다. 어떤 이들은 영구적인 가난이나 영구적인 순결과 같은 권면을 준수하는 데 전혀 호감을 갖지 않는데, 갖지 않는다고 비난받을 이유는 없다.[42] 개신교 종교개혁가들은 공덕을 (칼뱅의 용어로) "신성 모독과 불경으로 꽉 채워진" 것이라고 비판한다.[43] 마찬가지로, 『39조항』(The Thirty-Nine Articles)을 작성한 성공회 신학자들은 "하나님의 명령 외에 또는 하나님 명령을 넘어서는 어떤 자발적 행위들이 존

---

38) Heyd, *Supererogation*, 21.
39) Thomas Aquinas, *Summa Theologica*, I-II, q. 108, a. 4; *Summa Theologica of St. Thomas Aquinas*, I, Fathers of the English Dominican Province, trans. (New York: Benziger, 1947), 1118.
40) *Ibid*.
41) Heyd, *Supererogation*, 21.
42) Aquinas, *Summa Theologica*, I-II, q. 108, a. 4, ad 1; *Summa Theologica of St. Thomas Aquinas*, 1119.
43) John Calvin, *Institutes of the Christian Religion*, I, Ford Lewis Battles, trans. (Philadelphia: Westminster, 1960), 672-73. 칼뱅의 반대는 기독론적이다. 그는 교회에게 맡겨진 공로의 잉여를 통해 공로가 이 사람에게서 저 사람에게로 옮겨갈 수도 있다는 주장에 대해 단호하게 거부의사를 밝힌다.

재한다"는 주장은 그 어떤 형식이 되었든 거부한다.[44] 그러한 주장은 교만과 불경을 조장하는 것으로 여겨진다. 모든 명령을 수행했을 때에라도 여전히 무익한 종일뿐이다(눅 19:10).

이 두 가지 고려 사항은 왜 이타주의자들이 공덕에 대해 그토록 인색한 지를 잘 설명해 준다. 타자의 선에 대한 헌신은 필수적으로 수행해야 할 바로서 요구되는 것이다. 신학적으로 본다면, 램지는 루터의 '완숙의 권면들'에 대한 반대를 즐겨 인용한다.[45] 어떤 행위자의 구원의 삶 그리고/혹은 완숙에 필요한 요소로서의 행위를 강조하는 교리는 어떤 것이든 의혹을 받는다. 램지는 자아·타자 관계와 타자·타자 관계를 구분하는 하나의 맥락으로서의 (타자의) 선의 증진에 대해 공덕의 세속적 옹호자들이 보이는 만큼의 관심을 보이지 않는다. 우리가 살펴본 대로, 그러한 구분이 있을 수 있는 맥락으로서 램지가 제시하는 보기는 악에 대한 저항에 관한 것이다.

둘째, 이타주의자들이 악에 대한 저항이라는 맥락에서 자아·타자 관계와 타자·타자 관계를 구분하는 이유에 대해 생각해 보자. 그들이 공덕을 적절한 것으로 받아들이지 않기 때문에, 불편부당론자들과 이타주의자들 사이에 존재하는 차이(혹은 불일치)의 크기를 좀 더 줄일 수는 없었다. 이제 보겠지만, 이 둘이 규범적으로 가장 핵심적으로 충돌하는 지점을 파악하게 될 것이다.

이타주의자들에 따르면, 자아·타자 관계에서 나는 왜 나 자신을 위해 저항해서는 안 되는가? 암브로스가 제시하는 한 가지 이유는 이렇다. "그리스도는 박해자들에게 상처를 입히면서 자신을 보호하려 하지 않을 것"이기 때문이다. 내가 그리스도를 닮으려고 한다면, 나는 나에게 상해를 입히기 위해 달려드는 무장한 강도를 가격할 수는 없을 것이다. 또 다른 이유는 램지의 주장에서 찾을 수 있을 것이다. 앞에서 본 대로, 사람들은 그들 자신의 명분을 생각할 때 본능

---

44) Article XIV; from *The Principles of Theology: An Introduction to the Thirty-Nine Articles*, W. H. Griffith Thomas, ed. (London: Church Book Room Press, 1945), 215.
45) Ramsey, *Basic Christian Ethics*, 188.

적으로 편애를 나타내는 경향이 있기 때문에 우리는 이웃의 명분을 편애적으로 고려해야 한다. 필자는 램지의 이 고찰은 타자에게 선호를 가지면서 자아·타자 관계에서 나 자신의 명분을 판단하려 할 때 있을 수 있는 자기기만의 가능성을 경계한다는 의미를 갖고 있다고 본다. 아마도 그 무장한 강도는 정당한 불만의 요인을 가지고 있을 지도 모르며 아마 나는 스스로 가정하는 것 보다 덜 결백할 수도 있다. 첫 번째 이유(암브로스에서 온 것)는 그리스도를 모방하는 것이 무엇을 의미하는지 그리고 우리는 그리스도를 직접적으로(똑같이) 모방하기 보다는 완벽하게 그리스도의 삶을 우리의 삶에 구현할 수 없다는 것을 인정하며 그와 간격을 두고 따라 가야 하는 것이 아닌지에 대한 논쟁을 불러일으킨다.[46] 두 번째 이유(램지에서 온 것)는 그 자체로 상당한 논의가 필요할 것이다. 필자는 두 번째 서술적 불균형성을 다룰 때 좀 더 언급하려 한다.

세속적 불편부당론자들이 자아의 선의 증진으로부터 자아의 악에 대한 저항으로 그 초점을 옮겨 갈 때, 그들이 허용하는 규범적 여지는 현저하게 줄어든다. 그들은 자아·타자 관계에서 내가 나 자신을 위해 악에 저항할 것을 허용하거나 심지어 요구하기도 한다. 자아·타자의 관계에서 이 전환은 우리의 관심을, 자아가 *행위자로서* 할 수 있는 바로부터 *수용자로서* 할 수 있는 바로 옮겨 가게 한다. 다시 한 번 말하지만, 종종 우리는 이 각각의 관심의 초점을 정확하게 구분하지 못할 수 있다. 그러나 이 구분을 유지할 필요는 있다. 네이젤(Thomas Nagel)에 따르면, 그 이유는 이렇다. "도덕적 원리들은 단지 희생자들에게 그들이 무엇을 할 수 있는지 혹은 할 수 없는지에 대해서만 말하지 않는다. 이 원리들은, 그들이 어떤 종류의 대우를 반대할 수 있는지 혹은 그럴 수 없는지, 저항할 수 있는지 혹은 그럴 수 없는지, 아니면 요구할 수 있는지 혹은 그럴 수 없는지에 대해서도 말한다."[47] 그렇다면 불편부당성은 희생자들에게 무엇을 말할 수 있는가? 요컨대, 불편

---

46) Gene Outka, "Following at a Distance: Ethics and the Identity of Jesus," in *Scriptural Authority and Narrative Interpretation*, Garrett Green, ed. (Philadelphia: Fortress Press, 1987), 144-60.
47) Nagel, *The View from Nowhere*, 184.

부당성은 다른 뺨을 돌려 대는 사랑을 받아들이는가?

흔히 그렇게 가정하는 대로, 선을 증진하는 자아는 이웃의 복지를 향상시키기 위해 자신이 주도권을 가지고 자유로이 혹은 자발적으로 행동한다. 흔히 그렇게 가정하는 대로, 다른 뺨을 돌려 대는 자아는 수용자로서 행동한다. 수용자가 분명히 저항하지 않기로 *선택한다* 해도, 그 사람은 이웃이 *주도적으로 시작한* 행동에 대해 반응하는 것이다. 지윌스는 '수용자됨'(being a recipient)이라는 조건을 특정한 상황들에서 살인과 다른 상해들에 대한 일반적인 금지를 유보하는 입장을 정당화하기 위해 받아들이고 있으며, 이러한 금지는 불편부당성에 대한 그의 입장과도 충돌하지 않는다. 자기방어의 상황들을 생각해 보는 것은 여기에서 매우 적절하다. 내가 물리적으로 내 이웃에게 공격을 받는다고 생각해 보라. 이러한 공격은 도덕적으로 잘못된 것이라 생각된다. 내가 물리적으로 그 이웃을 공격함으로써 나 자신을 방어한다면, 나의 방어적 반응은 똑같이 잘못됐다고 할 수는 없을 것이며, 나의 반응이 "직접적으로 기본적인 해를 가하고자 하는 것이 아니라 그러한 해를 막고자 하는 것이거나 혹은 피차간에 해를 입히지 않는 것에 관한 어떤 균형을 회복하고자 하는 것"이라면 더더욱 그러하다.[48] 가해를 막는 것은 그 가해 자체와 동등한 것은 아니다. 나는 내 이웃이 가하고자 하는 해만큼 가혹한 방지의 수단들을 사용할 수 있다. 이러한 수단들은 다른 방법이 없다면 살인을 포함할 수 있을 것이다. 나의 이러한 반응은 불편부당성이 요구하거나 적어도 허용하는 것인가? 지윌스는 종종 '그럴 수도 있음'(may)과 '허용함'(permit)의 차원에서 긍정으로 답한다. 그런데 자기방어의 상황들에서 그는 "심지어 요구할 수도 있음"(may even require)의 가능성도 열어둔다.[49]

자기 자신이 수용자인 자아·타자 관계에서 서로 충돌할 수밖에 없는 규범적 판단들을 찾을 수 있다. 적어도 불편부당성의 옹호자들은 이타주의자들이

---

48) Gewirth, *Reason and Morality*, 213.
49) *Ibid*.

허용하지 않는 수용자의 반응을 허용한다. 예를 들어, 가톨릭 주교들은 독자들에게 제2차 바티칸 공의회는 계속해서 개인의 근본적인 방어의 권리를 보존하고자 한다는 점을 상기시키는데,[50] 불편부당론자들은 이에 공감을 표할 것이지만 이타주의자들은 수용 불가의 입장을 견지할 것이다. 여하튼 여기서 필자의 주된 주장은 불편부당성의 옹호자들은 다른 뺨을 돌려 대라는 명령을 거부하지는 않더라도 그에 대해 문제의식을 갖고 있다는 것이다.

셋째, 마지막으로 타자·타자 관계에 대해 생각해 보자. 우리가 본대로, 어떤 다른 이웃에 의해 부당한 공격을 받고 있는 무죄한 이웃의 경우에서, 램지는 저항하지 않는 것 보다 그 무죄한 이웃을 위해 개입하는 것이 더 사랑의 일에 가깝다고 생각한다. 그는 두 가지 근거를 제시한다. 먼저, 그리스도를 모방하는 것이라고 믿는다. "자기 자신이 아닌 다른 사람들에게 가해지는 불의가 이슈가 될 때,… 그들이 계속되는 공격을 받아들이기 위해 다시 얼굴을 들어주는 것이나 묵묵히 다른 오리를 함께 가라는 강제를 받아들이는 것은 예수께도 결코 마음 편히 받아들일 수 있는 일이 아니었겠지만" 말이다.[51] 또 한 가지 근거는 램지의 정의(justice) 이해와 관련되는데, 그는 정의를 "둘 또는 그 이상의 이웃과 대결하게 될 때 기독교 사랑이 행하는 것"이라고 정의한다.[52] 그리고 초대 교회가 고수하던 평화주의로부터 후대 기독교의 폭력적 갈등 상황에의 참여 정당화로의 변화를 타락으로 보지 않는다. 우리는 교회의 콘스탄틴 제국에의 적응을 도덕적 순결로부터의 타락으로 볼 필요는 없다. "엄연한 전술의 변화의 심층에는 여전히 기독교 사랑의 일반적 전략은 그 근본적인 본질에 있어 축소하거나 변화됨 없이 지속되고 있었다."[53] 또한 램지는 자기 자신이 연루된 경우들에서 보다 타자·타자 관계나 다변적 관계들에서 우리는 "좀 더 불편부당할 수 있고 또 정의에

---

50) *The Challenge of Peace*, 24.
51) Ramsey, *Basic Christian Ethics*, 168.
52) *Ibid.*, 243.
53) *Ibid.*, 172.

(관한 판단에서 좀 더) 냉철할 수"있다고 강조한다.[54]

그리하여 규범적 판단들이 갈리는 자아·타자 관계에서 보다, 타자·타자 관계에서 불편부당성과 이타주의는 종종 일치를 보는 것 같다. 타자·타자 관계에서 사랑과 정의를 한 데로 묶기 위해 이타주의자들이 하는 방식은 불편부당성의 옹호자들이 전개하는 방식들과 유사해 보인다. 램지는 타자·타자 관계에서 "엄격하게 지켜져야 하는 바는 정확하고 철저한 대가 지불이 아니라 완전한 용서"라는 점을 주장하기도 한다.[55] 이런 식으로 용서를 요구하는 것은 행위자의 선택이라는 요소를 배제하게 되는데, 이 요소는 공덕 이론이 견지하는 바임을 보았다. 램지는 그 어떤 예외도 허용함이 없이 전투요원이 아닌 사람들을 직접적이며 의도적인 공격으로부터 보호해야 한다고 강조한다. 그러한 절대적 금지 원칙은 적어도 공리주의자들이 기꺼이 허용하는 바는 아니다.[56] 그러나 이웃 사랑과 자기사랑 사이의 규범적 불균형성을 변호하는 절대주의자들(absolutists)은 타자·타자 관계에서 이타주의자들이 (누군가의) 피를 흘리는 것과 무죄한 이의 피를 흘리는 것을 구분하려 할 수도 있다고 생각하는데, 그들 역시 무조건적으로 후자의 경우를 금지하지만 말이다.

자아·타자 관계와 타자·타자 관계를 구분하는 것에 대한 이타주의자들의 주장은 반대 방향으로부터 압력을 받기 쉽다. 한 측면에서는 세속적 불편부당론자들은 자아가 타자·타자 관계에서 뿐 아니라 자아·타자의 관계에서도 악에 저항하는 것을 허용하거나 심지어 요구하고 싶어 한다. 다른 한 측면에서는, 어떤 기독교인들은 자아·타자 관계에서 뿐 아니라 타자·타자 관계에서도 무저항(혹은 비폭력적 무저항)을 요구하고 싶어 한다. 지금까지 우리는 첫 번째 측면에서 이루어지는 논쟁들을 다루었다. 이제 두 번째 측면에 대해 생각해 보자.

---

54) *Ibid.*, 175.
55) *Ibid.*, 171.
56) R. B. Brandt, "Utilitarianism and the Rules of War," and R. M. Hare, "Rules of War and Moral Reasoning," *Philosophy and Public Affairs* 1/2 (Winter, 1972), 145-81.

3) 기독교 이타주의자들과 역사적 평화 교회들

이타주의와 비교할 수 있는 또 다른 하나의 중요한 검토 대상은 기독교 전통에 서 있는 한 흐름에서 찾을 수 있다. 이른바 '역사적 평화 교회들'(historic peace churches)이다. 메노나이트(the Mennonites), 후터라이트(the Hutterites), 퀘이커(the Quakers), 형제파(the Brethren), 그리고 현대의 추종자들과 해석자들(요더⟨John Howard Yoder⟩나 하우어워스⟨Stanley Hauerwas⟩)이 여기에 속한다. 이들은 암브로스가 자아·타자 관계와 타자·타자 관계 사이의 관계성에 관련하여 내린 판단을 확장한다.[57] 위에 열거한 교회들이나 추종자들은 각기 다른 강조점을 가지고 있다. 필자는 주로 요더에 대해 언급할 것이지만, 그의 입장은 퀘이커나 형제파의 그것과 동일하다고 볼 수 없음을 인정하는 바이다. '평화 교회들'은 특징적으로 비폭력을 기독교의 삶과 행위에 있어 전형적인 것으로 강조한다. 그들은 *아가페*에 대해 기술할 때 언제나 사랑의 비폭력성을 핵심적으로 진술한다.

앞에서의 방식과 마찬가지로, 이타주의자들이 내린 두 가지 판단에 대한 응답을 비교함으로써 논의를 계속 진행해 보자. 첫 번째 판단은 불편부당성은 자아와 타자의 불균형이 부재함을 의미한다고 가정한다. 평화 교회들은 이 판단으로부터 도출되는 구체적인 두 가지 전략을 반대함으로써 이타주의자들 편에 선다. 그러나 우리가 본 대로, 불편부당론 역시 이 두 가지 전략을 지지하지는 않는다. 평화 교회들이 실제로 자아와 타자 사이에 규범적 불균형이 부재함을 선호한다는 점을 고려할 때, 문제는 더 복잡해진다. 적어도 비폭력의 문제들이 연관되었을 때는 말이다. 이러한 문제들에 관해서는, 불편부당성에 대한 그들 나름대로의 입장을 가지고 있는 듯하다. 자아·타자 관계와 타자·타자 관계 사이의 차이에 관해서 이타주의들이 내놓는 판단을 살피면 이는 분명해질 것이다. 여기서 필자는 앞에서 제기한 이 차이에 관한 세 가지 질문을 다시 생각해 볼 것이다.

---

57) Yoder, *The Politics of Jesus*; Stanley Hauerwas, *The Peaceable Kingdom: A Premier in Christian Ethics* (Notre Dame: University of Notre Dame Press, 1983).

먼저 공덕에 관해 생각해 보자. 불편부당론자들이 이를 긍정적으로 평가한다는 사실에서 우리는 자아·타자 관계와 타자·타자 관계 사이의 차이를 지지하는 한 가지 이유를 찾을 수 있다. 우리가 본 대로, 그들의 평가는 자아와 타자 사이의 불균형을 허용하는데, 이러한 불균형은 타자의 선의 증진과 행위자동의(agent-consent)에 그 근거를 둔다. 평화 교회들은 선의 증진과 행위자동의를 높게 평가하지만, 그렇다고 불편부당론자들이 허용하는 불균형이 의미하는 바에 동의하지는 않는다.

행위자동의 개념은 교회는 자발적 공동체라는 주장과 깊은 관계가 있다. 한마디로 자유 교회 전통의 가치들이 지배한다. 구성원이 되는 것이 자발적이지 않은 시민사회와는 달리, 이 교회의 구성원이 되는 것은 순전히 자발적이다. 공동체의 권위에 기꺼이 동의하며 또 공동체 생활에 자유로이 참여한다. 떠나는 것도 자유다. 신자가 되는 것은 *해야만 하는* 어떤 것이 아니다. 그러나 자발적으로 구성원이 되기로 작정하고 또 공동체에 속한 사람들이 따라야 하는 엄격한 조건 하나가 있다. 바로 비폭력이다. 이것이 공동체의 모든 구성원이 따라야 하는 삶의 방식이다. 이를 분명히 따라야 한다. 폭력을 쓰는 것은 그 어떤 이유에서건, 불신앙의(faithless) 행동이 된다. 폭력 행사는 규범적 구속력을 갖는 공동체의 가장 중요한 삶의 방식으로부터 일탈하는 것이다.

이런 의미에서 공덕은 인정되지 않는다. 적어도 비폭력에 관해서는 말이다. 필수적으로 해야 한다. 행하지 못하면 비난을 받게 되는 것과 행하면 칭찬을 받게 되는 것 사이에 구분은 없다. 오히려 요더가 주장하는 대로, "그리스도의 몸의 모든 지체들은 절대적 무저항에 부름을 받았다."[58] 그리하여 구성원으로서 이 부름에 응답하느냐 하지 않느냐는 서로 칭찬하거나 비판하는 기준 곧 공동체 전체를 구속하는 기준이 된다. 이런 맥락에서, 공동체의 형제나 자매의 삶의 방

---

58) John Howard Yoder, *The Original Revolution: Essays on Christian Pacifism* (Scottdale, Pa.: Herald Press, 1977), 72.

식은 내가 알 바가 아닌 것이 아니다.[59] 실패에 따르는 비난은 받는 쪽이든 하는 쪽이든 어느 쪽에도 적절한 것이 된다. 이런 상호성의 관점에서, 자아 · 타자 관계와 자아 · 자아 관계 사이의 차이는 존재하지 않는다.

둘째, 이 점으로부터 자아 · 타자 관계에서 나는 나 자신을 위해 저항해서는 안 된다는 점이 유추된다. 암브로스의 주장은 타당하다 할 것인데, 그는 그리스도는 가해자들에게 상처를 입히는 행동을 용납하지 않을 것이라는 점을 그 이유로 든다. 또한 행위자로서 내가 그리스도를 본받아야 한다고 믿는 것은 옳다. 그러나 평화 교회의 모델은 '그리스도를 본받음'이라는 관점에서 공동체 전체를 상정한다. 이 모델은 자아 · 타자 관계와 타자 · 타자 관계 사이에 존재하는 도덕적 차이를 철폐한다. 그들은 오히려 교회와 세상 사이의 차이를 강조한다. 비폭력은 신앙 공동체 안에서는 나 자신에게 그리고 다른 이들에게 똑같은 비중으로 적용된다. 이런 의미에서, 신자들이 만일 "비기독교인들과 기독교인들 모두가 따라야 하는 윤리를 설교하려고 한다면,"[60] 그들은 타당치 못한 일이 될 것이다. 교회 밖에 있는 사람들은 '국가의 경찰 기능'을 허용하면서 그러한 국가의 기능 안에서 그들의 삶을 구성하고 또 살아갈 것이다. 이러한 기능은 국가를 '옛 시대'(old aeon)에 속하는 현실적 구성체로 보는 성서적 관점을 반영하는 것이기도 하다.[61] 그러나 공동체 안에 있는 사람들은 "기독교인을 기독교인 되게 하는 것"에 따라 살아야 하며, 이는 '새 시대'(new aeon)에 속한 것이다.

셋째, 램지와 같은 기독교 이타주의자들이 타자 · 타자 관계의 상황들에서 무죄한 이웃들을 위해 개입하는 것이 저항하지 않는 것보다 더 진정한 사랑의 행위라고 주장한다면, 평화 교회들은 이에 동의하지 않을 것이다. 평화 교회들은 램지가 '그리스도를 본받음'에 직접적으로 호소하면서 그러한 개입을 정당화하는 것은 잘못된 해석이라고 생각한다. 예수가 자신을 위해 칼을 휘두른 제

---

59) John Howard Yoder, *The Priestly Kingdom: Social Ethics as Gospel* (Notre Dame: University of Notre Dame, 1984), 27.
60) Yoder, *The Original Revolution*, 78.
61) *Ibid.*, 76-77.

자를 꾸짖으신 사건(마 26:51-4; 눅 22:49-51; 요 18:10-11)을 한 보기로 든다. 이 꾸짖음은 예수를 따르는 사람이라면 누구든지 따라야 하는 삶의 양식이 무엇인지를 역설하는 것이지, 예수께서 자기 자신에게 하도록 허락하시는 것과 자기 자신이 아닌 다른 사람들에게 하도록 허용하시는 것 사이에 존재하는 차이를 인정하시는 것은 아니라고 해석한다. 평화 교회들은 만일 그 제자가 배신을 당하고 부당하게 체포된다고 해도 본질적으로 다른 말씀을 하지 않으셨을 것이라 가정한다. 또한 산상수훈의 말씀은 모든 사람이 따라야 하는 것으로 생각한다.[62]

*아가페 사랑*으로 *여겨지*는 행위들이 자아·타자 관계와 타자·타자 관계에서 다를 바가 없다면 또 비폭력이 언제나 *아가페 사랑의 행위*라면, 믿음의 공동체 안에 있는 모든 이들은 누구라도 누군가의 피를 흘리게 하는 것과 무죄한 이들의 피를 흘리게 하는 것 사이에 차이(구분)를 두려고 해서는 안 된다고 강조한다. 이러한 결론은 타자·타자 관계에도 적용되는데, 이 관계성은 교회가 세상과 어떻게 적절한 관계를 맺을 것인지와 관련되어 있다. 일반적으로 신자들은 교회 공동체 밖의 사람들이 자신들의 헌신의 삶에 영향을 미치려 하는 것을 허용하지 말아야 한다. 그것이 공동체 안이든 밖이든 상관없이, 비폭력적 삶의 양식을 위반하는 행위들에서 이웃 사랑을 찾을 수 없다. 그러기에 무죄한 제3자를 위해 개입하는 행위는 비폭력적 삶의 양식을 위반하는 행위로 볼 수 있다. 그러므로 공동체 밖의 한 이웃이 부당하게 공격을 받고 누군가의 도움으로 보호받기를 *원한다 하더라도*(필요하다면 폭력을 써서라도), 그러한 소원은 충족되어서는 안 되는 것이다. 그럼에도 신자들의 공동체 밖에 있는 사람들을 여전히 이웃으로 간주하고 또 사랑해야 한다. 공동체가 칭송하는 사랑은 그 범위에 있어 보편적이어야 한다는 점을 소홀히 여기지 않는다. 이런 맥락에서 우리가 어떻게 원수를 대하느냐가 우리가 이웃을 사랑하는지 그렇지 않은지를 판단하는 시금석이 될 것이라는 주교들의 주장은 널리 받아들여질 만하다.

---

62) 산상수훈의 가르침을 명령이 아니라 권면으로 보는 입장의 한 보기로 다음을 읽으라. G. E. M. Anscombe, *Ethics, Religion and Politics* (Minneapolis: University of Minnesota Press, 1981), 55-58.

더 나아가, 신자들의 공동체는 그들의 헌신의 삶과 양립될 수 있는 방식으로 자신들을 둘러싼 사회와 지속적인 관계를 유지하며 살아야 한다. 그러한 일관성에 대해 여러 가지 판단을 내릴 수 있을 것이다. 어떤 이들은 철저한 분리를 말할 것이다. 16세기의 후터라이트(the Hutterites)를 생각해보라. 그들은 리이텐쉬타인(Lichtenstein)의 레오나드 백작(Count Leonard)이 소유한 땅에서 그들의 은신처를 찾았다.[63] 오스트리아 정부가 그들을 본국으로 인도하려 하자, 레오나드 백작은 그들을 강제력을 사용해 보호하려 했다. 그 강제력에는 군사력 사용을 통한 보호도 포함되어 있었다. 그러나 후터라이트들은 새로운 은신처를 찾아 공동체 전체가 움직여 갔다. 그들은 보호까지는 아니더라도 관용을 베풀어 줄 귀족을 찾았다. 바로 그 때에야 그들은 그들의 신념과 양립할 수 있는 방식으로 침입자들에 대응할 수 있었다. 또 다른 이들은 그들이 살고 있는 사회에 좀 더 적극적으로 참여해야 한다고 생각한다. 그들은 신자들이 치명적인 폭력이나 (군사력이나 경찰력과 같은) 공적 방어책을 사용하는 것을 허용하지 않는다. 그러나 게토나 사막 등으로 고립되어 들어가는 것은 반대한다(그러나 그들이 어느 정도까지 적극적으로 공적 보호를 거부하는지는 불분명하다). 그들은 정치 체제에 기꺼이 도전하려 하며 좀 더 인도적인 문화를 만들어가기 위해 힘쓴다. 요더는 이러한 관점을 다음과 같이 설명한다. "역사의 의미는 점진적으로 좀 더 관용적인 사회를 구성해 가는 방향으로 국가가 만들어가는 것이 아니라 교회가 복음 전파와 사회 속에서 누룩이 되는 것과 같은 사명을 감당함을 통해서 성취되고 있다는 점을 우리는 신약성서를 통해 분명히 확인할 수 있다."[64] 교회의 모든 사회 참여는 교회가 스스로의 증인됨을 순수하게 또 최우선적으로 지켜나갈 때에만 세상의 소금의 역할을 제대로 감당할 수 있다는 신념에 근거해야만 한다는 것이다.

---

63) Ronald H. Bainton, *Christian Attitudes Toward War and Peace* (Nashville: Abingdon Press, 1960), 156-57.
64) Yoder, *The Original Revolution*, 79.

4) 보편적 사랑이 구성하는 제한 사항들

우리는 지금까지 한편으로는 이타주의자들과 불편부당론자들 그리고 다른 한편으로는 이타주의자들과 평화 교회들 사이에 존재하는 유사점과 차이점에 대해 살펴보았다. 불편부당론은 다른 이들의 유익과 나 자신의 유익에 같은 비중을 두는 반면, 규범적인 불균형성은 다른 이들의 유익을 위한 이타주의적 헌신을 요구한다. 불편부당론은 공덕적인 행위를 허용하거나 칭송함을 통하여 어떤 규범적인 여지를 창출해 낸다. 이러한 칭송에서 우리는 자아·타자 관계와 타자·타자 관계 사이에 존재하는 차이를 인정해야 하는 이유를 찾는다. 앞에서 살핀 대로 평화 교회들은 이러한 구분에 의문을 제기하며, 그들 자신의 규범적 불편부당성을 제시한다.

필자는 지금까지의 비교 작업을 통하여 첫 번째 규범적 불균형성과 불편부당성에 대한 이해를 높이고자 하였다. 지금까지 다룬 세 그룹 사이에 존재하는 논쟁점들에 대해 완전한 해결에 이르지 못했다 하더라도, 필자는 이제 '보편적 사랑'론이 이들 그룹들과 어떻게 같고 또 다른지에 대해 살펴보고자 한다.

앞서 살핀 대로, 보편적 사랑은 신중심적 틀 안에서 우리의 이웃이나 우리 자신 모두가 순전한 관심과 돌봄의 대상이어야 한다는 점을 내포한다. 이 점과 연관된 미첼(Basil Mitchell)의 주장을 들어보자. "기독교 윤리가 요구하는 바로서 다른 이들을 사랑한다는 것은 그들의 행복에 대해 적극적인 관심을 갖는 것이며, 또 이것은 그들에게 가장 좋은 것이 무엇인지에 대한 분명한 개념이 확립되어 있다는 점을 내포한다. 그들에게 가장 좋은 것은 본질에 있어 우리 자신에게도 가장 좋은 것이어야 한다."[65]

이 주장을 받아들이기 위해 우리는 몇 가지 짚고 넘어 가야 할 것이 있다. 만일 이타주의가 자아를 *중요하게 여기지 않는다면*, 이타주의를 무조건적으로 용인할 수 없다. 이웃과 자아 사이에 무제한적인 불균형을 요구하거나 허용하는 것은 둘 모두에게 공통적으로 존재하는 본질적 요소들을 소홀히 하는 결과를 낳

---

65) Basil Mitchell, *Morality: Religious and Secular* (Oxford: Clarendon Press, 1980), 144.

을 것이다. 미첼의 진술은 여전히 본질적인 문제들에 대해 명확한 답을 주지는 못한다고 볼 수 있다. 예를 들어, '행복,' 다시 말해 이웃과 자아에게 무엇이 최선인지를 파악하는 것은 결코 자명하지 않다. 우리가 사람들을 동등하게 고려하면서 그들에게 가장 좋은 것이 무엇인지에 대한 개념을 정의하려 할 때, 종교적 헌신이 그러한 개념 정의에 영향을 주며 때로는 지배적 영향을 미치기도 한다는 점을 부정할 수 없을 것이다. 이러한 종교적 헌신은 다양하다. 평화 교회들은 행복을 순종의 삶으로 해석하는데, 이러한 삶은 자기 자신과 타자에게 동일하게 적용되어야 한다. 이타주의자들은 행복을 다르게 해석하며, 타자·타자 관계에서 갈등을 해소하려 할 때 행복의 요소들이 갖는 비중을 다른 방식으로 계산한다.

이러한 복잡한 양상에 응답하면서 필자는 보편적 사랑이 구성하는 제한들(제한 사항들)을 면밀히 검토할 것인데, 이를 통해 우리가 지금까지 고찰한 입장들 가운데 어느 것이 보편적 사랑과 양립할 수 있는지 좀 더 분명하게 확인하게 될 것이다. 그러나 필자는 보편적 사랑으로부터 이러한 입장들에로 진행하는, 어떤 연역적 방법을 채택할 수 없음을 밝혀 두고자 한다. 대신 필자는 '이종교배' 할 것이다. 즉 보편적 사랑이 구성하는 제한들(제한 사항들)을 면밀히 검토하고 그리고 나서 그 입장들이 이 제한들의 테두리 안에서 어떻게 보편적 사랑에 응답하는지를 구체적으로 보여주고자 한다. 어떤 부분에서는 문제점을 상술하는 것으로 만족할 것이다. 그러나 다른 부분에서는(특히 3장 5절과 그 이후로) 필자 자신의 입장을 개진할 것인데, 이는 보편적 사랑이라는 개념을 발전시키기 위해 필자 자신이 내놓는 제안인 셈이다.

우리가 생각해야 할 문제는 한두 가지가 아니다. 아가페는 철저하게 준 만큼 받는 식(式)의 이해타산적(利害打算的) 시도들을 포함하는 전략을 극복하려 한다. 또한 이 전략은 좀 더 위험한 전략 곧 유익은 아니더라도 손해만큼은 균등하게 감내해야 한다는 의무 조항 보다는 자기 자신의 유익을 우선적으로 고려해야 한다는 의무 조항에 더 큰 비중을 두는 전략으로 이어질 수 있다. 보편적 사랑으로서 아가페는 이러한 전략에 대해 경계를 늦추지 않도록 해 준 것은 의미 있는 일이라고 본다. 보편적 사랑이 함의하는 대로, 자아와 타자 사이에 불균형이 존재해서는 안 된다는 입장은 이 두 가지 전략 모두를 피하게 한다. 불편부당성의 옹호자들 역시 이 두 가지를 피할 수 있기 때문에 우리는 어려운 문제 하나를 풀어낼 수 있다는 희망을 가질 수 있게 되었지만, 여전히 좀 더 어려운 이슈들이 남아 있음을 인정해야 한다. 이러한 이슈들은 이타주의자들의 두 번째 판단(자아·타자 관계와 타자·타자 관계 사이의 차이에 관한)으로부터 유래한다. 다시 한 번 필자는 앞에서 생각해 보았던 세 가지 질문에 대해 논의하려 한다.

첫 번째 질문은 공덕에 관한 것이다. 앞에서 말한 대로, 필자는 세속적 옹호자들이 인정하는 바와 연속성을 가지면서 기독교 전통 안에서도 자주 등장하는 주제들을 생각해 볼 것인데, 여기서 세속적 옹호자들이나 기독교 전통은 공히 공덕과 의무가 구별되지만 동시에 상호의존적이라는 점은 인정한다. 앞에서 검토한 대로 공덕에 대한 변호는 선의 증진에 관한 것이었다. 이러한 증진은 보통 기독교 윤리가 행동의 규범으로 요청할 수 있는 내용 가운데 하나일 것이다. 그런데 기독교 윤리가 요청할 수 있는 것은 무엇이든지 그것에 대해 '요구할' 수 있는가? 여기서 '요구한다'는 말은 실패했을 때 상호 질책이나 훈육이 받아들여질 수 있다는 것을 가정한다. 혹은 좀 더 완성된 형태의 행위자자유재량(agent-discretion)이라고 우리가 강조하는 사례들을 찾을 수 있는가(그러한 행위자자유재량을 통해 우리는 행한 것에 대해 칭찬하고 행하지 않은 것에 대해 비난하는 것은 단지 비실제적이라기〈impractical〉보다는 받아들여질 수 없는 것〈unacceptable〉으로 보기 때문이다)? 어느 쪽도 보편적 사랑을 위반하지 않는다. 그러나 이러한 행위자자유재량을 강조함으로써 공덕을 허용한다.

앞에서 언급한 공덕의 예들은 성인답고 도덕적으로 영웅적이며 자비롭고 관대하며 용서하고 용납하는 행위들을 포함한다. 다시 말하지만, 어떤 기독교인들은 이러한 행위들을 필수적인 것으로 본다. 다른 기독교인들은 행위자에 따라 상대적으로 그 행위들을 판단한다. 곧 나는 다른 이들에게 그 행위들을 요구해서는 안 되지만 나 자신에게는 요구할 수 있다(물론 그들도 그들 자신에게는 요구할 수 있다). 공덕에 관해 자주 인용되는 예들 가운데 어떤 것들은 필자에게 여전히 논쟁의 여지가 있는 것들이지만, 다른 어떤 것들은 그렇지 않다. 각각의 예를 들어보자.

논쟁의 여지가 있는 보기는 테레사 수녀이다. 그녀는 철저히 타자지향적 삶을 살았다. 먼저 다음의 두 가지 명제가 옳은지 생각해 보라. 만일 *우리가* 테레사 수녀에게 그런 삶을 살라고 요구해서 그러한 삶을 살았다면 그는 테레사 수녀가 아닐 것이다. 만일 *테레사 수녀가* 스스로에게 그런 삶을 살라고 요구하고 또 자신의 요구에 응답해서 그렇게 산 것이 아니라면, 그 또한 테레사 수녀가 아닐 것이다. 다른 이들의 선을 증진하라는 명령을 모든 사람들이 받지만, 성공적으로 수행했는지의 여부는 우리가 생각하기에 테레사 수녀가 '의무' 차원에서 수행해야 하는 선을 넘어서는 그 무언가를 이루었느냐 아니냐에 달려 있다고 하겠다. 그러나 그렇게 행하지 못한 것에 대한 상호 비난은 이 경우에 적합지 않다. 일군(一群)의 기독교윤리학자들이 테레사 수녀의 행위는 공동체가 요구하는 의무 사항을 수행한 결과라고 주장한다면, (그 공동체의 규율을 따르지 않아도 되는) 다른 기독교인들은 그녀처럼 살지 못했다고 스스로를 비난해야 하는 것인가? 그녀가 걸어간 삶의 길은 개인의 선호나 소명에 관한 개인적 선택 이상의 것임에 틀림없다.[66] 이런 맥락에서 그녀의 삶을 지배한 규범적 가치는 행위자가 선택할 수 있는 것은 아니다.

논쟁의 여지가 없는 보기를 한 가지 생각해 본다면, 그것은 장기 기증의 경우일 것이다. 이웃을 돕기 위해 자신의 몸의 일부인 장기를 기증하는 것은 자발적으로 또 '이미 제공된 정보에 근거한 동의'(informed consent)에 의해서만 이루어져야 한다는 점은 일반적으로 인정되는 바이다. 램지가 강조한 대로, 그러한 동의가 신체적 건강에 대한 고려보다 더 중요한 것으로 인정되는지에 대해 분명하게 따져 보아야 하는데, 특히 그 동의가 장기 기증을 필요로 하는 당사자들이나 가족, 의사들 혹은 더 큰 공동체로부터 오는 영향을 받으면서 이루어지

---

66) *Ibid.*, 47-63.

고 있다면 더더욱 신중하게 검토해 보아야 한다. 그러한 사회적 영향은 개인을 단지 사회의 한 부분으로 여기거나 혹은 부속물로 여기는 생각을 반영하는 것은 아닌지 램지는 우려한다. 그러므로 적어도 장기 기증을 거부한다고 해서 다른 사람들이 그를 비난해서는 안 된다. 이러한 판단은 비기독교인이나 기독교인 모두에게 적용된다. 장기 기증은 하나의 기부행위(자비로운 은혜의 행위)이다. 램지가 분명히 주장하는 대로, "기부행위(무조건으로 선물을 주는 행위)는 마땅히 주장할 수 있는 권리나 수행해야 할 의무는 아니다."[67]

장기 기증의 예를 근거로 삼아 기부행위는 권리나 의무가 아니라고 한다면, 그러한 견해는 공덕을 뒷받침하는 것이 될 수 있을 것이다. 보편적 사랑을 위반함이 없이 우리는 그렇게 할 수 있다. 좀 더 넓은 지지를 확보하기 위해서, 우리는 다음의 질문들에 대해 긍정적인 답을 내려야 할 것이다.

우리가 먼저 물어야 질문이 있는데, 행위자가 행위자의 자격으로 특수하게 가지는 어떤 자발성이 있느냐 하는 것이다. 기독교 전통은 "사람들의 덕을 검증하기 위해 인류가 부여받은 어떤 특별한 자유의 영역"[68]에 대해 광범위하게 승인하는데, 이는 그러한 자발성을 뒷받침하는 증거로 생각할 수 있다. 또한 좀 더 일반적으로, 높은 변화가능성을 담지한 어떤 상황에서 우리의 행동 하나 하나는 특별한 가치를 획득할 수 있을 것인데, 그러한 상황에서 선택의 폭은 넓어지며 선택에 결부된 행동에 의해 상황 또한 다양하게 변화될 수 있다는 의미에서 그렇다. 이 지점에서 우리가 질문해 보아야 할 것이 있는데, 그것은 그러한 (자발적 선택과 자유의) 영역이 두 가지 종류의 행위자자유재량(agent-discretion)과 그에 상응하는 권리들을 포함하느냐 하는 것이다. 첫째, 권리나 주장의 철회와 연관된 행위자자유재량이다. 우리가 믿기에 모든 사람에게 동등한 가치로 주

---

67) Paul Ramsey, *The Patient as Person* (New Haven; Yale University Press, 1970), 185-86. 기부와 권리 사이를 구분하는 것은 결코 쉬운 일이 아니다. 이 둘 사이의 구분의 난해함을 골수 이식을 예로 들어 설명한 주목할 만한 저작이 있다. James F. Childress, *Who Should Decide? Paternalism in Health Care* (New York: Oxford University Press, 1982), 29-32.

68) Heyd, *Supererogation*, 31.

어지는 권리나 주장은 오직 행위자만이 자발적으로 철회할 수 있는 것들이다. 최소한 그 행위자는 자신의 권리나 주장을 철회할 수 있지만, 다른 이들의 권리나 주장에 대해서는 *같은 식으로 임의로(자유로이)* 철회해서는 *안 된다*. 둘째, 어떤 행동이나 태도의 존재 여부와 연관된 행위자자유재량이 존재한다. 다른 사람들에게 특정한 일을 하라고 요구하는 것은 (강제하는 것은 말할 것도 없고) 그 일의 상태를 변화시킨다. 예를 들어, 선물을 받는 이들이 거저 받은 그 선물을 자신의 소유로 바꾸어 주장하려 한다면, 이는 결국 자기를 해하는 결과를 낳을 것이다. 어떤 행동이나 태도를 발견했을 때 그 행동이나 태도가 칭찬할 만한 것이라면 칭찬할 수 있을 것이다. 그러나 아예 보지 못했다면 칭찬이나 비난을 할 수 없는 것이 아닌가.

좀 더 분명하게 종교적인 관점에서 우리가 생각해 보아야 할 것이 있는데, 사람들에게 일반적으로 요구되는 바가 어떤 특정한 행위자들에게는 면제될 수 있느냐 하는 질문이다. 여기서 모든 사람에게 구속력이 있는 명령(precept)과 그렇지 않은 권면(counsel) 사이의 차이에 대해 생각해 보자. 현대의 많은 가톨릭 도덕가들은 이전 개신교 신자들이 거부했던 중세의 공식들을 다시금 되살리지 않으면서 명령과 권면 사이에 존재하는 차이를 견지하려 한다.[69] 예를 들어, 해링(Bernard Häring)은 개인의 '소명'에 관한 일반적 견해를 변호하는데, 그러한 소명은 특별 은총을 통해서 나타난다. '외부로부터 오는 어떤 강제나 판단'을 배제하지만, "하나님의 명령이 갖는 무게로 개인에게 권면할 수 있다."[70]는 여지는 남겨 둔다. 그 개인이 하나님의 권면을 거부하는 것은 단순히 (도덕적으로) 불완전하다는 평가 그 이상으로 심각한 것이다. 이는 죄를 짓는 것이다. 하지만 그

---

69) 좀 더 전통적인 입장을 살피고 싶다면, 다음을 참고하라. Henry Davis, S.J., *Moral and Pastoral Theology*, I (London: Sheed and Ward, 1959), 196-200. 어떤 해석에 따르면, 성서의 가르침은 명령과 권면 사이에 엄격한 구분을 하지 않으며, 모든 신자들은 완숙에로 부르심을 받는다고 한다. 이런 류의 해석으로 다음의 저작을 읽으라. Charles Curran, *Catholic Moral Theology in Dialogue* (Notre Dame: University of Notre Dame Press, 1976), 33-34.

70) Bernard Häring, *The Law of Christ*, I, Edwin G. Kaiser, trans. (Westminster, Md.: The Newman Press, 1961), 305-6.

러한 죄는 그 행위자 자신의 삶의 역사에 내재적인 것이다. 여기서 행위자자유재량은 단순히 인간의 자율을 행사하는 것은 아니다. 오히려 하나님의 내적 인도하심에 반응하는 그 사람의 내면적 삶을 지시하는 것이다. 이 사람은 스스로 도덕적으로 의무를 부여 받았다고 생각할 것이지만, 다른 이들에게도 자신에게 부여된 유사한 방식으로 의무를 부여할 수는 없다는 인식을 동반한다. 특수 소명의 가능성을 열어 두는 것은, 보편적 사랑은 모든 사람에게 적용되며 그러기에 천편일률적으로 적용되어야 할 어떤 획일적인 요구들이 있다는 식으로 해석되는 것을 방지하는 장치가 될 수 있다. 보편적 사랑은 자아와 타자 사이의 구분을 중요하게 여겨야 하며, 이 구분은 앞에서 살핀 명령과 권면 사이의 차이에 상응하며 또 이를 반영한다. 이 차이는 '일반화 테스트'(the universalizability test)를 통과할 수 있을 것인데, 어떤 행위자가 자신이 처한 상황과 유사한 상황에 처한 사람이라면 누구든지 자신이 해야 할 일을 해야 한다는 의미에서 그렇다. 그러기에 비일관성(inconsistency)이나 모순(contradiction)의 문제가 제기되지는 않을 것이다. 그러나 개념 정의상 특수 소명은 포괄적으로 적용될 수 있는 것은 아니다. 같은 교회 공동체 구성원들에게도 그렇다. 이러한 소명이 표출되는 삶은 그것이 삶의 전부라고는 할 수 없지만, 그 어느 것과는 바꿀 수 없는 근본적인 것이라는 의미에서 소명을 감당하는 사람의 하나님에 대한 사랑과 관계한다.

    두 번째 질문은 자아·타자 관계의 관점에서 악에 대한 저항에 관한 것이다. 선을 증진한다는 것은 어떤 의미에서 자연적인 그리고 도덕적인 악을 저항하는 것이다. 그러나 그러한 증진은 보통 주도권을 쥐는 것과 관련이 깊다. 이 두 번째 질문에서 행위자자유재량의 중요성은 줄어든다. 꼭 물어야 할 질문이 있는데, *자아*가 타자가 주도권을 갖고 있는 어떤 행위에 대해 마지못해 받아들여야 하는 *수용자*의 자리에 서야 할 때 보편적 사랑은 무엇을 하도록 허용하거나 또 요구하는지에 관한 것이다. 이 '타자'가 나의 원수라고 가정해 보라. 또 그가 나에게 하고자 하는 행위가 악한 것이라면 어떻겠는가. 원수사랑은 기독교

윤리에서 하나의 필수 사항이다. 그러나 공덕의 조항은 아니다. 반대로 결론을 내린다면, 이는 보편적 사랑을 위반하는 것이 될 것이다.[71] 우리는 여기서 잠재적인 갈등을 만나게 되는데, 왜냐하면 보편적 사랑의 범위가 나 자신을 포함하고 있기 때문이다. 우리는 두 방향에서 모두, 이러한 포괄성을 지지할 수 있는가?

불편부당성의 옹호자들이나 평화 교회 구성원들의 입장을 살펴봄으로써, 우리는 다양한 방식으로 포괄성을 추구할 수 있음을 알 수 있게 되었다. 전자의 경우, 수용자의 처지에서 행동해야 하는 자기방어의 상황에서, 자신에게 오는 해를 감수하기 보다는 그 해가 가해지는 것을 방지하도록 허용하거나 혹은 요구할 수 있다는 입장을 견지함으로써, 그러한 포괄성을 존중한다. 꼭 필요하다면, 자신에게 해를 입히고자 하는 이웃이 쓰는 방법의 가혹함에 버금가는 정도로, 방지책을 강구할 수 있다. 불편부당성의 옹호자들은 잘못된 신체적 공격에 대해 방어적으로 반응하는 것은 같은 의미에서 잘못된 것이 아니라고 생각하기 때문에, 자신들의 방어를 악을 악으로 갚는 것으로 해석하는 것을 거부한다. 평화 교회들은 전혀 다른 방식으로 포괄성을 추구한다. 그들은 기독교 공동체 안에서 다른 이들에게 요구하는 만큼만 자신에게 요구한다. 암브로스와 램지가 자기 자신에게 금지했던 방어의 내용을 평화 교회들은 자기 자신 뿐 아니라 이웃에게도 똑같이 적용한다. 다만 현실 세계 속에서 비폭력은 결국 자기 자신이나 다른 무죄한 이들이 희생되는 것으로 끝나는 것 같다. 그들의 이웃이 여전히 약탈자처럼 살아가고 있다면 언제든지 그럴 것이다.

이타주의자들은 자아 · 타자 관계와 타자 · 타자의 관계를 구분하면서 자기희생과 비폭력을 연결시키려 한다. 평화 교회들은 자아 · 타자 관계와 타자 · 타자 관계 모두에서 비폭력을 칭송하며, 그래서 자기희생 그 자체를 강조하지는 않는다. 그리하여 그들은 (자기희생과 비폭력 사이의) 연속성을 정립하려 하지

---

71) 아퀴나스는 누구든지 "원수에게 선을 행할 준비가 되어 있어야 하며 필요에서 오는 요구가 있다면 다른 유사한 선한 행동들도 해야 한다"는 명령과 "특별한 필요에 따른 요구가 없을 때에도 누구든지 원수를 향해 실질적으로 또 즉각적으로 그렇게 행동해야 한다"는 권면, 이 둘 사이를 구분한다. Aquinas, *Summa Theologica*, I-II, q. 108, a. 4, ad 4, in *Summa Theologica of St. Thomas Aquinas*, 1119.

않는다. 다시 한 번 말하지만, 그들의 강조하는 구분은 자아와 타자 사이의 것이 아니라, 교회와 세상 사이의 것이다.

세 번째 질문은 타자·타자 관계에 관한 것이다. 기독교인들이 오랫동안 씨름해 온 주제 하나는 타자·타자 관계에서 무죄한 이들, 희생자들, 약자와 스스로를 방어할 수 있는 능력이 없는 이들을 보호하기 위해 개입해도 되느냐 아니냐 하는 것인데, 이러한 개입을 위해 치명적 폭력을 사용하게 될 지도 모른다. 우리는 앞에서 이타주의자들과 평화 교회들이 자신들의 입장을 뒷받침하기 위해 들었던 성경의 근거들을 살펴보았다. 이 둘 모두 원수를 이웃 사랑의 대상에 포함시켰다. 이타주의자들은 자아·타자 관계에서 원수를 먼저 생각할 것이다. 원수의 존엄성을 보존하기 위한 방법들을 찾을 것이다. 그러나 타자·타자 관계에서는 원수를 포함하는 것으로부터 원수를 자동적으로 선호하는 쪽으로 방향을 바꾸는 것을 반대한다. 그 이유인 즉은, 때때로 무죄한 쪽은 원수가 아니고 과실이 있는 쪽이 원수일 가능성이 있다는 점을 알고 있기 때문이다. 이 경우에 무죄한 이들을 위해 개입하려 하지 않는 것은 불이행(혹은 무행동)을 통해 유죄한 이들을 선호하는 것이나 다름없다. 제3자들 사이에 갈등이 불가피한 것으로 입증된 상황 또 제3자들 사이에서 도덕적으로 옳고 그름을 분명히 분별할 수 있는 상황에서 불이행은 높은 수준의 사랑의 실천이라고 평가받을 수는 없을 것이다. 평화 교회 구성원들은 그들이 생각하는 '잘 사는 삶'의 개념 곧 순종적인 증인의 삶을 모든 이들에게 적용하고 싶어 한다. 그래서 평화 교회 구성원들은 그들 나름의 불편부당성 개념을 따라 무죄한 제3자들이 공격을 받을 때 저항하거나 폭력으로 대응하지 말고 하나님을 신뢰하는 것이 마땅히 행할 의무라고 요구할 것이다. 이러한 요구는 그들이 의도하지 않은 결과에 대해 그들 스스로 책임져야 한다는 점을 내포하지는 않는다. 그러나 그들의 주된 관심은 모든 상황 속에서 순종적 증인의 삶이 규범적으로 요구하는 바에 충성을 다하는 것이다. 그들은 자신들의 경우에 절대적으로 간주하는 어떤 가치를 다른 이들에게 상대적인 것으로 간주하고 다루는 것을 이상하게 생각한다.

이타주의들이나 평화 교회 구성원들 모두 타자·타자 상황에서 포괄성을 존중하려 힘쓰기 때문에, 우리는 평화 교회의 규범적 신조가 얼마나 통전적 일관성(integrity)을 담보하고 있는지에 대한 판단과 그러한 통전적 일관성을 담보하기 위해 평화 교회가 견지하고자 하는 규범의 내용이 무엇인지에 대한 판단을 구별해야 한다. 이 두 가지 판단을 구분하기 위하여 우리는 특별히 두 가지 고려 사항을 견주어 보아야 한다.

첫 번째 고려 사항은 책임에 대한 *인간의*(human) 측정에 주어지는 비중에 관한 것이다. 책임의 무게 중심이 가해자들에게 있다는 이유 때문에, 우리는 불의를 겪고 있는 이들을 적극적으로 선호해야 하는가? 우리가 피해자들 편에 선다고 한다면 그러한 피해자 선호의 범위는 피해자들의 폭력적인 행동을 수용하는 데까지 확장되어야 하는가? 혹은 책임을 따지고 측정하는 데 있어서 우리는 언제나 잘못 판단할 가능성이 충분하다는 점을 인정하면서 모든 경우에서 일관성 있게 비폭력을 견지해야 하는가? 이 지점에서 책임에 대한 인간의 측정에 비중을 허락한다고 해서 그것이 타자에게 무분별한 혹은 무차별적인(indiscriminate) 권한을 부여하는 것은 아니라는 점을 밝혀 두고자 하는데, 타자의 의해 의도된 행동의 수용자가 이 권한을 정상적으로 활용할 때 그는 스스로 행불행(幸不幸)의 요건을 결정할 수 있게 된다. 이타주의자들이 이 권한을 수용자에게 허용한다는 이유로, 그들을 비판하는 것은 옳지 않다. 그런데 책임 측정에 관한 권한이라는 개념보다 무죄함과 무방비성 그리고 자기희생 같은 개념들은 좀 더 객관적인 의미를 획득할 수 있다. 희생자가 된 사람들은 결국 비참한 대우를 받아들일지 모르며 또 그들은 그들에게 닥친 불의에 대해 충분히 인식하지 못하고 있는지도 모른다. 그러나 여전히 이러한 범주들을 통해 누가 책임이 있고 또 없는지를 결정할 수 있는 중요한 단서를 찾을 수 있다.

두 번째 고려 사항은 타락이후의 세상의 도덕적 적절성에 관한 것이다. 브론테(Charlotte Brontë)가 쓴 『제인 에어』(*Jane Eyre*)에 나오는 다음의 대화를 생각해 보라. 제인이 말한다. "사람들은 잔인하고 정의롭지 못한 사람들에게 언제나 친절하고 순종적이었다. 사악한 사람들은 그들 하고 싶은 대로 하려 할 것이며, 결코 두려워하지 않으며 또 결코 스스로 변하려 하지 않을 것이다. 결국 상황은 점점 악화되고 말 것이다."[72] 제인의 친구 헬렌은 신약 성경을 인용하며 다음과 같이 대답한다. "너의 원수들을 사랑하라. 너를 저주하는 이들을 축복하라. 너를 미워하고 너를 악의로 이용하는 이들에게 선을 행하라."[73] 평화 교회 구성원들은 헬렌의 응답을 따라 사는 것으로 만족한다. 우리가 본 대로, 이타주의자들 역시 헬렌의 응답을 따라 살려 한다. 그러나 그들은 단순하게 만족하고만 있지 않는다. 타자·타자의 관계에서, 제인의 고찰에서도 얻을 것이 있다고 생각한다. 제인의 침울한 기술은 너무나 정확한 것으로 판명되어서 도무지 소홀히 할 수 없을 만큼 자명한 것으로 받아들이고 있는지 모른다. 많은 사람들은(특히 신체적으로 강하고 사회적으로 힘 있는 이들은) "모든 정체는 결국 감내하게 될 것"(all the traffic will bear)이라는 현실인식을 따르고자 하는 자연스러운 경향성이 있다. 그들은 그들이 취할 수 있는 것을 취할 것이며, 그들이 반대에 직면하거나 책임을 지게 되지 않는다면 깡패 짓을 하고 감언이설로 속이기도 하고 협박하기도 할 것이다. 우리는 이런 종류의 사람들을 교회 밖 뿐 아니라 교회 안에서도 찾을 수 있다. 이타주의자들은 이에 응답하여 "어떤 것이든지 해도 된다"(anything goes)는 식(式)의 행동양식을 결코 정당화하지 않을 것이다. 우리가 본 대로, 그들은 무죄한 생명에 대한 직접적이고 의도적인 살인을 절대적으로 금지하고자 한다. 이와 함께 기독교인들은 타락이후 세상의 현실을 감안하면서 무죄한 이웃의 평화와 생명을 위협하는 부당하고 달갑지 않은 침해에 적극적으로 대응하려고 하는 태도도 보여 왔으며, 기독교인들의 이러한 태도에는 가해자들의 도덕적 변화에 대한 소망이 내포되어 있다.

사랑이 악에 대해 어떤 종류의 반응을 요구하거나 혹은 허용하는지에 대해 숙고할 때 기독교인들은 불가피하게 고통스러운 고뇌의 과정을 거치게 된다.

---

72) Charlotte Brontë, *Jane Eyre* (New York: Washington Square Press, 1982), 62.
73) *Ibid*.

이러한 숙고의 과정에서 그들의 정체성을 규정하는데 기여하는 본문들을 빼놓아서는 안 된다. 누가복음 6장 29-30절을 읽어보자. "너의 이 뺨을 치는 자에게 저 뺨도 돌려대며 네 겉옷을 빼앗는 자에게 속옷도 거절하지 말라 네게 구하는 자에게 주며 네 것을 가져가는 자에게 다시 달라 하지 말며"(눅 6:29-30). 여기서 우리는 물리적으로 해를 입히는 이들, 도둑들 그리고 걸인들의 목적을 묵인하거나 심지어 증진하도록 권고 받는다. 앞에서 본 대로, 평화 교회 구성원들은 때로 비폭력과 무저항을 융합시킨다. 그러나 다른 많은 기독교인들은 이웃이 원하는 것은 무엇이든지 전면적으로 묵인해 주어야 한다는 입장에 대해서는 기꺼이 찬성하지 않는다. 실제로 우리는 수세기에 걸쳐 기독교 사상가들이 '사랑이 요구하거나 허용하는 악'이라는 주제에 관해 내어놓은 여러 대표적인 입장들을 추적할 수 있다. 첫 번째, 무저항; 두 번째, 비폭력적 저항(예를 들어 간디나 마틴 루터 킹의 삶에서 발견하는 대로 불의에 대한 적극적인 그러나 비폭력적인 반대 곧 앞에서 언급한 바와 같이 기존 권력에 대한 비폭력적인 비판적 입장들); 세 번째, 절대적 금지 혹은 구별의 원칙에 의해 제한을 받는 폭력적 저항(예를 들어 전쟁이 주는 상실을 뼈아프게 인정하면서, 비전투원들에 대한 직접적이고도 의도적인 살인을 절대적으로 금하는 정당전쟁의 원리); 네 번째, 균형의 원칙에 의해 제한을 받는 폭력적 저항(예를 들어, 폭력적 저항에 의한 선한 결과들이 언제나 악한 결과들보다 더 커야 한다); 다섯 번째, 무제한적인 폭력적 저항.[74]

다섯 번째 입장은 선택 가능한 사항에서 배제하면서, 규범적 불균형성의 옹호자들이 자아가 부당하게 공격을 받을 때 자아·타자의 관계에서 어떻게 비폭력을, 심지어 무저항을 옹호하는지에 대해 살펴보았다. 이 정도 선에서 그들은 세속적 불편부당론자들에 반대하는 평화 교회 구성원들과 일치를 보이는 것 같다. 그러나 타자·타자 관계에서 그들은 적어도 세 번째 입장이 허용하는 선까지 폭력적 저항을 옹호할 수 있다. 이 정도 선까지 그들과 불편부당론자들 사

---

74) James F. Childress, "Resistance," in *The Westminster Dictionary of Christian Ethics*, James F. Childress and John Macquarrie, eds. (Philadelphia: Westminster Press, 1986), 539-41.

이의 차이가 좁혀지는데 때론 거의 서로 일치하는 선까지 이르게 되며, 반면에 평화 교회들과의 차이는 늘어나는데 때론 완전히 갈라설 때까지 그렇게 된다.

5) 사랑, 저항 그리고 이타주의의 불완전성

첫 번째 불균형성의 맥락에서 보편적 사랑은 어떤 제한들(제한 사항들)을 설정하는지를 평가하려 할 때, 사랑이 요구하거나 허용하는 악에 대한 반응들이 어떤 것인지를 파악하려 씨름하는 그 지점에서 가장 큰 어려움을 겪게 된다. 필자는 마지막으로 평가의 차원에서 몇 가지를 언급하고자 한다.

우리의 논의에서 우리가 구분해서 주목해야 하는 두 가지의 큰 질문이 있다. 첫째, 기독교인은 악에 대한 저항을 그의 삶의 방식에서 부분적으로라도 수용할 여지를 갖고 있는가? 둘째, 첫 번째 질문에 대한 해답은 이웃과 자아에게 유사하게 적용될 수 있는가?

첫 번째 질문에 대해 응답하기 위해, 우리는 '저항'이라는 말을 어떤 의미로 쓰고 있는지 분명히 밝혀야 한다. 필자가 인용한 누가복음의 본문은 이웃의 행동과 목적에 대한 수동적인 추종을 암시한다. 그러나 많은 사람들은 이 본문을 좀 더 넓은 문맥으로부터 고립시키는 것을 거부하고 있다. 예컨대, 우리는 예수께서 성전에서 돈 바꾸는 이들을 쫓아내신 사건을 그렇게 좀 더 넓은 맥락 안에 두고 읽어야 할 것이다. 이러한 본문들은 어떤 추론의 과정을 통해 적용 가능한 의미를 발굴해 낼 수 있을 것인데, 왜냐하면 이 사건이 매우 구체적으로 기술되어 있다 하더라도 이 사건에서 규범적 의미를 찾기 위해서 뛰어넘어야 할 거리가 존재하기 때문이다. 결과적으로 킹(Martin Luther King) 목사가 그렇게 했던 것처럼, 이 성전 청결의 사건에서 우리는 어떤 의미 있는 구체적 전략을 생산해 낼 수 있다. 악은 수동적으로만이 아니라 적극적으로 저항되어야 한다. 저항의 목표는 악이지 사람이 아니다. 우리는 우리에게 해악을 끼치는 대상을 변화시키려 해야지 굴복시키려 해서는 안 되며, 그렇게 변화시키려는 과정에서 증

오나 가혹함을 삼가도록 힘써야 한다.[75]

적극적이지만 비폭력적인 저항은 다른 이들의 요구에 대한 전적으로 수동적인 추종을 뛰어넘는다. 그러한 저항은 (우리 자신을 포함하여) 어느 누구에게도 '백지수표'를 발행하는 것을 삼가야 한다는 것을 의미한다.[76] 즉, 우리는 타자가 원하는 것(혹은 우리가 원하는 것을 타자에게 요구하는 것)은 무엇이 되었든 언제나 사랑의 이름으로 묵인해서는 안 된다. 어떤 이웃이 내게 가학적 관습(sadistic practices)의 희생양으로 자신을 섬겨 주길 원한다거나 혹은 그 이웃이 우발적으로 나타낼 수 있는 변덕까지도 받아줄 것을 바란다고 가정해 보라. 무조건적으로(어떤 조건 설정 없이) 무저항을 칭송하는 사람들은 그러한 가능성을 (자신들에 대한 비판에 반응하여) 설득력 있는 반대 논점 전개를 위해 사용할지 모르겠다. 그러나 (무저항론자들의) 그런 시도에 대한 보통의 반응은 어떤 경계선을 설정하라는 것이다. 다시 말해, 어떤 종류의 저항이 정당화될 수 있는지에 대한 경계가 설정되어야 한다는 것이다. 심지어 요더도 "악한 이의 의도를 연약하게 수용하는 것은 그의 악한 목적에 무조건적으로 순응하는 것"이라며 비판적 입장을 취한다.

우리를 강제하는 사람에게 해야 할 봉사는 – 오리를 넘어 십리를 가고, 겉옷 뿐 아니라 속옷도 주는 – 그 사람에 대한 것이지, 그의 목적을 위한 것이 아니다. 우리가 거부하는 '저항'은 악을 악으로 갚는 차원에서의 반응이다. 그의 (악한) 계획에 대해 공조할 수 있다는 것이 결코 아니다. 오히려 대안은 악에 기울어져 있는 그 사람에 대한 창조적 관심인데, 이는 그의 목적에 대한 거부를 내포한다.[77]

---

75) 라보토(Albert J. Raboteau)의 미간행 논문은 킹에 대한 필자의 이해를 형성하는데 도움이 되었음을 밝힌다.
76) Outka, *Agape: An Ethical Analysis*, 21.
77) Yoder, *The Original Revolution*, 48.

그 사람의 계획에 공조하지 않는 것 곧 그 사람의 (악한) 목적을 거부하는 것은 악에 대한 저항의 사례로 볼 수 있다. 악을 행함을 통해서 강제(폭력)에 저항하는 것은 금지되어야 한다. 그러나 어떤 행동을 '악을 행하는 것'으로 간주할 것이냐에 대해서 충분한 검토가 필요하며 실제로 이 문제에 관한 논쟁이 있어왔다. 우리가 살핀 대로, 세속적 불편부당론자들은 악을 악으로 갚는 것으로서의 저항에 대해서는 그 특징들을 기술해야 한다고 주장한다.

    필자는 이 논쟁에 참여하는 여러 견해들 사이에 존재하는 차이점들에도 불구하고, 우리가 따라야 하는 공통의 길을 제안하고자 한다. 첫째, '저항에 대한 숙고'라는 주제에서 성경이 최종적이며 독보적인 권위를 가진 근거로서 작용하기 위해서 우리는 적절한 추론(해석)의 과정을 밟아야 할 것이다. 예를 들어 "강도들이 여전히 강도짓을 하고 있을 때"[78] 그 현장에 도착했다면, 이웃 사랑은 선한 사마리아인에게 무엇을 요구할 수 있을 것인가에 대해 기독교인들이 질문을 던진다면 이는 결코 쓸모없는 숙고가 아니다. 이 사마리아인은 희생자의 복지 보다는 그 상황에 개입함으로써 오는 위험을 더 기꺼이 감수해야 하는가? 더 나아가, 필자는 감수해야 할 위험이라는 관점에서 좀 더 광범위한 차원의 위험을 상정해야 하지 않나 생각한다. 우리는 아주 빈번하게 실제적인 폭력 곧 이제 막 발생하려 하는 물리적 폭력이 확실한 가능성으로 현실화되어 나타나는 인격적 상호 작용들에 초점을 맞출 때가 많이 있다. 물론 이런 평가는 받아들여지기도 하고 거부되기도 한다. 그러나 어느 누구도, 그가 행위자이든 수용자이든 혹은 관련된 제3자이든 아니든 상관없이, 물리적 폭력에 노출되어 있지 않지만 더 넓은 의미에서 저항이 불가피해질 수 있는 더 많은 사례들에 대해서는 적절한 관심을 두지 않고 있는 것 같다. 후자의 사례들에 관심을 가짐으로써 우리는 사랑의 법을 좀 더 광범위하게 해석할 수 있게 되며, 이 점은 앞에서 언급한 대로 도덕 원리들은 행위자에게 무엇을 할 수 있으며 또 할 수 없는지를 말해 주는 것

---

78) T. S. K. Scott-Craig, *Christian Attitudes to War and Peace* (New York: Charles Scribner's Sons, 1938), 43.

이상을 할 수 있다는 주장과 양립할 수 있다고 본다. 또한 그러한 도덕 원리들은 희생자들에게 그들이 어떤 종류의 행동을 반대·저항하거나 또 요구하거나 그럴 수 없는가에 대해 말해 준다. 이제 필자는 악에 대한 저항의 행위가 어떤 이유로 사랑의 일로 간주될 수 있는지를 질문하면서 우리의 논의를 확대해 가고자 한다. 물리적 폭력은 개입되지 않지만 비폭력적 악행이 문제가 될 수 있는 상황들에 관련하여 이러한 질문을 고려하는 것은 매우 의미 있는 일이 될 것이다.

둘째, 이타주의자들이 (첫 인간의) 타락이후의 세상에서 실현가능한 대안을 찾고자 하는 시도는 옳다고 필자는 생각한다. 여기에서 그들은 분명히 성서로부터 출발하지 않는다. 필자는 스스로 어거스틴 전통에 서 있는 현실주의자임을 인정하면서, 제인 에어의 우려 곧 우리가 언제나 잔인하고 정의롭지 못한 사람들에게 순종적이라면 상황을 더 나쁘게 만드는 결과를 낳을 것이라는 우려에 공감한다. 이러한 현실주의는 평화 교회 구성원들과 세속적 불편부당론자들이 제시하는 평가와는 구별된다. 평화 교회 구성원들이 악에 기울어진 사람에 대한 고려와 그 사람의 목적에 대한 거부, 이 둘 사이를 구분한 것은 옳다. 그러나 그들이 타자·타자의 관계들로부터 이러한 구분을 이끌어내는 것을 옳지 않다고 필자는 생각한다. 악에 경도된 그 사람의 목적 이행의 결과가 무죄한 제3자에게 해를 끼칠 가능성이 있다면, 이 구분은 그대로 견지되어야 할 것이다. 그런데 악에 경도된 그 사람은 잠시 우리에게서 이 구분을 견지할 수 있는 능력을 박탈해 갈 수도 있다. 이 악한 사람의 목적에 반대하지 않는 것은 (필요에 따라 그 사람의 목적에 대한 반대를 제한하는 것도 포함해서) 무죄한 제3자를 부당하게 배신하는 것이 될 수 있다. 만일 우리가 어떤 외부적 강제 때문에 그렇게 했다면, 그러한 배신은 더 나쁜 것이다. 세속적 불편부당론자들이 악한 행동을 개시한 어떤 이웃은 결국 불필요한 선택들 곧 그 이웃이 상대적으로 더 큰 책임을 져야 하는 선택들을 야기한다는 점을 지적한 것은 옳다. 그러나 불편부당론자들이 "피차간에 해를 입히지 않는 것에 관한 균형을 회복하는 것"을 이상적 목적으로 설정한다면, 그들은 과도하게 낙관적인 것이 아닌가 생각된다. 우리는 그러한 반응들을 단순히 회복을 위한 것이라고 여겨서는 안 될 것이다. 그들이 기술하는 악에 대한 방어적 반응들은 결코 좋은 *방향으로만* 전개되지는 않을 것이다. 그러한 반응들은 무행동(inaction)보다 낫다고 할 수 있는 사랑의 일이지만, 타락한 세상에서 안타깝지만 받아들여야 하는 훈육의 방편들(sad disciplinary measures)로 사용될 수 있는 것들이 아닌가 싶다. '새로운 세대'(new aeon)의 관점에서 보면 모두 흠이 있는 것들이다. 그러므로 우리는 거기에만 머물러 있지 말고, 좀 더 고상한 가능성들을 부단히 추구해 나아가야 할 것이다.

셋째, 필자가 앞 문단에서 말한 바는 악에 대한 저항은 기독교적인 것으로 여겨질 가능성이 부분적으로라도 있는가 라는 첫 번째 질문에 대한 이타주의자들의 응답을 긍정적으로 뒷받침해 줄 수 있다고 본다. 그러나 이웃과 자아에게 유사하게 적용될 수 있는가 라는 두 번째 질문에 대한 그들의 응답은 잘못됐다고 필자는 생각하는데, 이웃과 자아에게 유사하게 적용될 수 있다는 점을 부정하기 때문이다. 필자가 앞에서 주장한 대로, 이웃과 자아 사이에 무제한적인 불균형을 요구하거나 혹은 허용하는 것은 우리 모두가 공동으로 존중해야 할 어떤 본질적인 것들이 있다는 점을 부정하는 것이다. 그리하여 보편적 사랑이 설정하는 제한들(제한 사항들)을 위반하는 결과를 낳는다. 필자는 이제 폭력에 저항하는 것이 사랑의 일로 간주될 수 있는가 라는 질문을 다룸으로써 우리의 논의를 확대해 갈 수 있음을 제안하려고 한다. 이 제안은 물리적 폭력은 개입되지 않지만 비폭력적인 악행이 문제가 될 수 있는 상황들을 신중하게 검토하면서 우리가 사랑의 계명을 좀 더 포괄적으로 해석하도록 장려한다. 이것은 또한 자아가 스스로를 위해 저항할 수 있는지의 문제를 평가할 수 있는 좀 더 나은 토대를 마련해 준다.

우리가 살핀 대로, 심지어 평화 교회 구성원들도 백지수표를 발행하는 것을 거부한다. 그러나 우리가 사랑을 척도로 삼을 때 왜 경계선들을 설정해야 하는지에 대해서 설명해야 할 것이다. 무조건적 묵인에 대한 거부를 정당화하기 위해 종종 제시하는 세 가지 이유가 있다.[79] 첫째, 이웃을 위해서 나는 그의 삶의 정당한 필요(need)와 실제적 바램(want)을 융합해서는 안 된다. 그러나 동시에 필요와 바램을 분리시키려 할 때 여러 위험이 따를 수 있음을 인정해야 한다. 계몽적인 것으로 판단했지만 결국 온정주의적인 것으로 판명된 많은 잘못을 저질러 왔다. 그러나 여전히 우리는 우리의 이웃에게 사랑으로 진실을 말해야 할 것인데, 진실을 말하는 것이 관계된 모든 이들에게 고통을 가져다주는 것이기에 이웃이 알기를 원치 않을 만한 것이라 할지라도 진실이라면 말해야 한다. 둘째, 영향을 받는 제3자들을 위하여, 나는 이웃이 의도하거나 실행하는 특정 행동들을 반대해야 한다. 여기서 타자·타자 관계에 대한 적절한 고려가 그 정당한 이유를 제공한다. 셋째, 나는 나 자신을 위하여 이웃이 의도하거나 실행하는 특정 행동들을 반대해야 한다.

  첫째와 둘째 이유는 규범적 운용을 위한 상당한 여지를 남겨 둔다. 다음의 경우들을 대조해 보자. 나의 친구가 자신이 횡령을 한 이유로 재판을 받을 때 증인으로 봉사해 줄 것을 요청한다고 생각해 보라. 이것을 위해 나는 켈리포니아(California)까지 큰 불편과 재정적 손실을 무릅쓰고 가야 하지만, 친구에 대한 배려 차원으로 그의 요청에 응할 수 있다. 그러나 내 친구가 나에게 원고 측 주요 증인을 매수해서 재판이 끝나기 전까지 코네티컷(Connecticut)으로 그를 데리고 오라고 요청한다고 생각해 보라. 내가 만약 그 요청에 따른다면, 그것은 잘못된 것이다. 이렇듯 첫 번째 요청과 두 번째 요청은 서로 다르다. 기독교 사랑은 백지수표를 써 주는 것(사랑의 대상이 원하는 대로 다 해 주는 것)이 아니며, 후자의 경우는 참으로 사랑한다면 백지수표 발행을 거부해야 하는 예시가 될 것이다. 나는 그 친구를 위해 또 영향 받는 제3자를 위해 그의 요청을 거부해야 한다. 그의 요청에 따름으로써 그의 부패를 뒷받침하게 된다면 나는 나의 친구에게 호의를 베풀어서는 안 될 것이다. 그리고 뇌물을 주고 그 중요 증인을 진실 은폐를 위한 시도에 연루시키는 것은 그를 나의 친구의 계획에 도구가 되게 하

---

79) Outka, *Agape: An Ethical Analysis*, 21-24.

는 것이다.

규범적 불균형성의 옹호자들은 이 두 가지 이유를 자유롭게 활용한다. 이 이유들은 일반적으로 자기 자신을 유익하게 하는 행동을 정당화하는 타자배려적 근거들로 활용되기도 한다. 이타주의에 대한 맥클러간(W. G. Maclagan)의 옹호를 한 예로 생각해 보자. 어떤 행위자가 다른 이들이 자신의 행복을 무관심하게 다루는 것을 허용하려 하지 않을 때, 그 행위자의 의도에 긍정적으로 반응하는 과정에서 그들 자신을 위한 교육적인 혹은 훈련적인 가치를(아마도 그들이 추구하지 않아도 되는 가치일 수 있는데) 발견할 수 있다는 논리를 펴며 이타주의를 옹호한다. 그리고 일반적으로 좋은 공동체를 이루기 위해서는 각각의 구성원이 자신의 이해(interest)를 뛰어넘어 다른 구성원들의 이해를 존중해야 한다는 점도 지적한다.[80]

이 두 가지 이유는 필수불가결한 것으로 남는다(규범적 불균형성을 지지하는 이들만이 아니라 보편적 사랑과 불편부당성을 지지하는 이들에게도). 그러나 우리는 여전히 이 두 가지 이유가 세 번째 이유 없이는 불완전한 것이 아닌지를 물어야 할 것이다. 이 둘 모두는 본질적으로 나 자신의 복지와는 관계가 없다. 그렇다면 여기서 물어야 할 질문이 있다. 나는 나 자신을 위해 저항할 수 없는 것인가? 이 질문에 '저항할 수 있음'으로 답한다면, 우리는 자아의 복지를 직접적으로 언급하게 되는 것이며, 자아의 복지에 대한 고려를 타자 배려로부터 파생되는 것으로 보는 이타주의자들과는 달리, 이 둘을 분리해서 보는 것이다. 이것은 자기 자신의 복지에 대한 고려가 이웃에 대한 배려와 *함께* 실체적인 종교적·도덕적 주장이라는 점을 의미한다. 앞에 소개한 사례로 돌아가 보자. 내 친구는 자기 자신의 복지를 고려하면서 나에게 뇌물을 제공하고 진실을 유보하는 데 공조하도록 요구함으로써 그가 나를 단순한 수단으로 다루고 있다는 결론에 이르게 된다. 이것은 (그 친구를) 따르는 것이 잘못된 것이라는 판단의 이유

---

80) W. G. Maclagan, "Self and Others: A Defense of Altruism,"*Philosophical Quarterly* 4 (April, 1954), 118-19.

들에 덧붙여야 할 것이다. 그 친구의 요청은 두 번 (나를) 도구화한다.

이 세 번째 이유를 저항을 위한 이유로 포함하려 할 때 참으로 신중해야 한다고 본다. 물론 '자기 자신을 위하여'라는 표현은('자기 사랑'이라는 표현도 그렇고) 복수(複數)의 그리고 때로는 양립할 수 없는 의미들을 드러낸다. 예를 들어, 이것은 나 자신의 보금자리를 구축하는 것, 소유에의 열심, 자기 몰입 등을 의미할 수 있다. 그러나 이는 나의 종교적 도덕적 헌신에 대한 존중을 의미할 수도 있을 것인데, 왜냐하면 나 자신의 선이나 복지에 대한 관심은 종교적 도덕적 헌신과 결부되어 있기 때문이다. 이 후자의 의미는 솔제니친(Alexander Solzhenitsyn)의 글에 잘 드러난다.

매우 용감한 어떤 남자가 취할 수 있는 단순명료한 조치가 있다 – 거짓말에 참여하지 않는 것, 잘못된 행동에 도움을 주지 않는 것 등이다. 이 원리가 [곧 폭력의 방법을 위장하는 거짓말] 세상에 들어와 세상을 지배하도록 하자 – *그러나 나를 통해서는 아니고.*[81]

정확하게 나의 헌신 때문에 단지 *어떤 일이 일어나지 않는 것*도 중요하지만, *내가 어떤 일을 하지 않는 것*도 나 자신에게 중요하다. 또한 '자기 자신을 위하여'라는 표현은 기회주의로 만연한 공동체적 흐름 안에서 나는 언제나 거짓말과 잘못된 행동을 거부하기 보다는 공조하는 쪽을 선택하게 된다는 점을 의미하는데, 그것들이 얼마나 부패한 것인지에 대한 판단과는 상관없이 결국 세상을 지배할 것이라는 거창한 비전을 지탱해 주는 열망들에 동참하고자 하는 것이다.

'자기 자신을 위한' 저항을 수용한다고 해서, 그러한 수용은 언제나 자기편애적이며 기회주의적이라고 공격해서는 안 된다고 본다. 일반적으로 (자기 자신을 위한) 저항을 위한 이 세 번째 이유는 다른 두 가지 이유에 부합되는 한에서

---

81) John Finnis, *Fundamentals of Ethics* (Washington, D.C.: Georgetown University Press, 1983), 117.

상정해 볼 수 있을 것이다. 이제 필자는 자기편애적이며 기회주의적이라는 공격이 적용되지 않으며 또 저항을 위한 세 번째 이유가 다른 두 가지 이유와 서로 부합되는 경우들을 찾아보고자 한다.

행위자로서 나의 행동들 가운데 책임을 물을 수 있는 것이 무엇인지를 밝힘으로써 이 목록을 소개하고자 한다. 다시금 필자는 물리적 폭력이 개입되지 않는 수없이 많은 상호적 인간관계들로부터 이 목록을 끌어내려 한다. 이 경우들은 흔히 생각해 볼 수 있는 것들이지만, 매우 중요한 가치가 있다. 다음의 경우들을 생각해 보라. 의사로서 나는 환자의 '이미 제공된 정보에 근거한 동의'(informed consent)를 얻는 것을 소홀히 하는데, 왜냐하면 내가 집도하는 수술이 환자의 회복 가능성을 높이기 때문이 아니라 (가능성이 전혀 없지만) 나의 수입을 올릴 수 있기 때문이다. 혹은 고용주로서 나는 알면서도 매우 위험한 작업 환경을 내버려 두며, 피고용인들이 그것을 알지 못하도록 각별히 신경을 쓰고 있다. 좀 더 일반적인 예를 들어보자. 어떤 사람이 내가 그 사람과의 관계를 이용할 것이라는 것을 안다면, 그 사람은 나와 교제하기를 거절할 것이라는 것을 나는 알고 있다. 그래서 나의 의도에 대해 침묵을 지키며 그리하여 그 사람과의 교제가 이루어질 수 있게 된다.[82] 나는 개인적인 관계들에서 다른 이들과 좋은 관계를 유지하려 할 것이며 또 나의 협력이 필요할 때 기꺼이 그들과 협조하려 할 것인데, 그렇게 하는 이유는 언제나 청중들(보는 사람들) 때문이다. 보이려고 그렇게 하는 것이다. 다른 이들은 언제나 나의 계획을 위한 홍보 도구로서 그리고 나의 삶의 이야기를 경청해 주는 장치로서 중요할 뿐이다.

수용자로서 정당하게 저항·반대하거나 혹은 요구할 수 있는 가능성을 설명하기 위해 몇 가지 구체적 사례를 함께 생각해 보고자 한다. 다양한 삶의 정황에서 나온 사례들을 나열해 본다. 나는 인생의 마지막 날들을 어떻게 보낼 것인

---

82) Robert Nozick, *Anarchy, State, and Utopia* (New York: Basic Books, 1974), 30-32. 이 예시에 담긴 의미는 단순하지 않다. 마약조직의 조직원들이 마약수사관이 자신들의 조직에 몰래 침투하여 원하는 목적을 이루려 한다는 것을 미리 알고 그와 만나는 것을 강력히 거부하려 한다 해도, 우리는 이 예시로부터 그 수사관이 침투하는 것을 불허해야 한다는 방향으로 일반화해서는 안 된다. 우정, 사랑과 같은 인격적 관계들은 신뢰와 개방성을 요구하며, 필자가 인용한 예를 통해 이 점을 밝히고 싶었다.

지를 결정함에 있어서 발언권을 갖기를 원한다; 나는 내가 일상적으로 다루고 있는 석면이 나에게 어떤 피해를 끼치는지를 알고 싶어 한다; 나는 어떤 인격 상호간의 '교류'에 노출되고 또 그 가운데서 상처를 입을 수 있는 상태에 있는데, 지금 누군가 의도적으로 그 교류에 관련된 정보를 통제하고 있어서 나로서는 그 교류의 의미와 전개방향을 파악할 수가 없다; 나는 단순히 타자의 '청중'이 되기를 거절하는데, 왜냐하면 나 자신의 역사와 추구들은 고유하게 그리고 비도구적으로 나에게 속한 것이며 그것들은 그 자체로서 인정되어야 할 것이기 때문이다(어떤 상호 작용에 참여하는 사람들 가운데 한 사람이 완전히 보잘것없는 가치의 존재로 전락할 때는 언제든지 – 받는 쪽에 내가 서 있든 다른 누군가가 서 있든 상관없이 – 나는 그러한 평가절하에 단호히 반대해야 한다는 취지에서 이러한 인식은 도움이 되리라고 본다).

필자가 '도구화'에 대해 말할 때 무엇이 이 사례들을 한 데 묶어 주는지를 암시했다. 저항해야 할 악을 식별하고자 할 때 그 초점은 어떤 면에서 타자를 완전히 수단이나 도구로 사용하는 '사람'에 있다는 점을 필자는 주장하고 싶다. 종종 도구화의 개념은 칸트의 정언적 명령(the Categorical Imperative)의 두 번째 공식과 연관된다(이 공식은 상당한 지지를 받고 있다). 곧 "너 자신의 인격 안에 있든 아니면 다른 누군가의 인격 안에 있든 상관없이, 인간을 언제나 단순히 도구로 다루지 말고 언제나 목적으로 다루는 식으로 행동하라"는 것이다.[83] 필자는 이 공식으로 칸트가 무엇을 의미하려 했는지에 대한 주석적 문제를 다루

---

83) Immanuel Kant, *Groundwork of the Metaphysic of Morals*, H. J. Paton, trans. (New York: Harper, 1964), 96. 많은 기독교 저자들이 이 공식을 활용해 왔다는 점은 이 공식이 얼마나 광범위한 지지를 받아왔는지에 대한 또 다른 증거가 된다. 두 가지 실례를 들어본다. "인간 본성에 관한 토마스 아퀴나스의 철학(그의 신학이 충실하게 뒷받침한 결과로서)은 모든 인간은 고유한 주권적 가치를 가지며 또 다른 어떤 목적에 종속될 수 없는 고유하고 또 주권적인 운명 혹은 목적을 보유한다는 결론을 역설한다. '모든 인간은 단순히 수단이 아니라 목적으로 대하라'는 칸트의 공리는 아퀴나스를 아주 흡족하게 했을 것이다. 이것은 지배적 원리로서, 하위의 제안들이 반드시 참고해야 하는, 그리고 그 원리의 빛 안에서 검토되고 판단되어야 하는 어떤 절대적 원리이다." Eric D'Arcy, *Conscience and Its Right to Freedom* (New York: Sheed and Ward, 1961), 198. "하나님이 모든 인간은 단순히 수단이 아니라 목적으로 확정하신다는 개념은 칸트철학에 뿌리를 두고 신학적 윤리에 접목된 것이 아니다(역사적으로 보면, 오히려 반대가 아닌가. 신학적인 뿌리를 가진 어떤 관념으로부터 자신의 도덕 철학의 중심 원리를 분리해 낸 것이 아닌가 하는 것이다). 이 개념은 기독교 윤리에 너무나도 중요한 것이어서, 이것을 소홀히 여기면 하나님의 언약에 담긴 핵심 정신을 잘못 이해하게 될 것이다." Allen, *Love and Conflict*, 63.

지 않을 것이다.[84] 간략하게나마 이 공식에 담긴 의미를 설명해 보려 한다. 어떤 사람의 중요성은 그가 속한 그룹 안에서 그가 갖는 가치나 중요도를 따라 축소되거나 소진되어서는 안 된다. 사람들은 *그들 자체로* 도무지 축소할 수 없는(어느 것에도 환원할 수 없는) 가치를 가진다. 각 사람의 복지는 타자의 태도와 행동의 최종적 목적이 된다. 보편적 사랑은 이러한 해석과 궤를 같이 하고 있는데, '가치에 있어서의 모든 인간의 근본적인 동일성'이라는 이 중요한 특징은 보편적 사랑의 규범적 핵심을 구성함을 밝혀 두고자 한다.

가치에 있어서 이러한 근본적인 동일성을 구체화하는 신학적인 접근으로서 램지의 견해를 살펴보고자 한다. 수년간 램지는 기독교인인 한 흑인이 백인 가해자에 저항할 수 있는지의 질문과 씨름했다.

인간의 얼굴을 간직하고 있는 어느 누구라도 이것을 숨길 권리를 가지고 있지 않다. 그는 모자를 손에 둘 권리도, 자신에게 주어진 인간의 얼굴을 온전히 드러내 보일 권리도 가지고 있지 않다. 그는 그의 동료 인간들 모두나 혹은 일부에게서 그의 창조로 시작된 언약에 대한 도전을 박탈할 권리를 가지고 있지 않다.… 인간으로서 그의 양도할 수 없는 권리는 동시에 동료 인간에 대한 양도할 수 없는 의무이다. 그는 창조 때 그에게 새겨진 언약에 직접적으로 저항함이 없이 그리고 타자에게서 그가 없이 존재할 수 없는 권리를 박탈함이 없이, 이것을 결코 폐기할 수 없다. 타자에게 그가 없이 존재하도록 허용하는 권한은 그에게 주어지지 않는다.[85]

---

84) 다음의 학자들이 이 문제들을 검토하였다. 다음 문헌들을 참고하라. Ping-cheung Lo, *Treating Persons as Ends: An Essay on Kant's Moral Philosophy* (Lanham, Md.: University Press of America, 1987); T. E. Hill, Jr., "Humanity as an End in Itself," *Ethics* (1980), 84-99; John E. Atwell, "Kkant's Notion of Respect for Persons," in *Respect for Persons*, O. H. Green, ed. (New Orleans: Tulane Studies in Philosophy, Vol. XXI, 1982), 17-30; Atwell, *Ends and Principles in Kant's Moral Thought* (Dordrecht: Martinus Nijhoff, 1986).
85) Paul Ramsey, *Christian Ethics and the Sit-In* (New York: Association Press, 1961), 120-21.

여기서 진술한 대로라면 램지는 우리에게 이타주의를 넘어서라고 권면하는 것처럼 보인다. 보편적 사랑은 우리에게 인간의 얼굴을 가진 누구이든, 이웃과 자기 자신을 존중하라고 명령한다.

4. 불편부당성은 내가 성취할 수 있는 목적인가?

1) 자기 편애의 비중

여기에서 필자는 불편부당성에 대한 두 번째 반대를 다루려고 하는데, 불편부당성이 자기 자신의 복지에 갖는 지나친 관심을 정당화한다고 보기 때문에 부정적인 평가를 내린다. 이 반대는 전적으로 서술적이다. 불편부당성은 자아가 자신의 소망과 야망에 대해 갖는 실제적인 열심을 충분히 진지하게 고려하는 데 실패한다.

이러한 열심은 기독교 사상가들이 종종 강조하는 것으로서 나 자신과 내 이웃 사이에 존재하는 어떤 불균형성을 지시한다. 이러한 차이를 적절하게 다루기 위해 현상학적 진술과 유사한 형태의 진술이 필요하다. 여기서 우리의 관심은 불편부당성이 *바람직한 것이냐*에서 *가능한 것이냐*로 옮겨간다. 불편부당성이 손쉬운 가능성이라는 가정 곧 어렵지 않게 실현될 수 있는 것이기에 어떤 특별한 부가 설명 없이 당연히 장려되어야 할 가능성이라는 가정은 비판적으로 검토되어야 한다. 이런 맥락에서 불편부당성은 뛰어넘어야 하는 (또 뛰어넘을 수 있는) 어떤 목적이 아니라 우리가 거기에 도달할 수 있다는 확신을 갖기가 참으로 어려운 어떤 성취의 대상이 된다. 두 번째 불균형성의 지지자들은 불편부당성이라는 목적에 도달할 수 있다는 확신을 갖기가 어렵다는 점을 인정할 것이며 이 점을 소홀히 여기는 것은 '타자 배려적' 이지 못한 것으로 여길 것이다.

일상적인 보기 하나를 들어보고자 한다. 나는 나 자신의 복지가 직접적으로 문제가 될 때는 언제든지 불편부당함을 견지할 수 있는 가능성에 대해 의구심을 가져야 한다. 나는 나 자신의 재판관과 배심원이 되어서는 안 된다는 전통적 주장은 여기서 자연스럽게 받아들여야 할 것이 된다. 로크(John Locke)는 이 주장에 대해 다음과 같이 말한다.

나는 *시민의 정부*는 자연의 상태가 가져다주는 불편들을 적절하게 해소시켜 준다고 믿는다. 자연의 상태에서 사람들은 그들 자신을 위한 재판관이 될 수 있을 것이다. 왜냐하면 불의해서 자신의 형제에게 상처를 입히는 사람은 그것 때문에 스스로를 비난할 만큼 정의로운 사람은 거의 없다는 것을 쉽게 상상해 볼 수 있기 때문이다.[86]

여기에서도 우리는 타자 · 타자 관계와 자아 · 타자 관계를 구별할 수 있을 것이다. 행위자로서 나는 직접적으로 그 비중을 측정해야 하는 이해 당사자가 아닌 경우에 치우치지 않을 가능성이 더 높아진다. 그리하여 나는 이혼을 생각하고 있는 부부(이 두 사람 모두 나의 친구인 부부)에게 꼭 필요한 균형 잡힌 조언을 줄 수 있게 되는데, 그들의 소유 자산을 공정하게 분배하는 것에 대해 심각한 의견 불일치를 보이고 있는 실정인데도 말이다. 그러나 내가 당사자로서 이혼의 과정에 있다면, 나의 균형감은 현저하게 축소될 것이다. 상처와 비통함이 커서 스스로 고안해 낼 수 있는 가장 엄격한 거래 조건을 제시하는가 하면, 죄책감과 회한의 감정이 깊어져서 아낌없이 내어 놓기도 할 것이다. 또한 이미 정년 트랙에 올라 있는 교수들과 함께 이제 정년 트랙에 올라야 하는 두 사람의 젊은 동료 교수들을 추천하는 문제에 대해 논의하고 있다고 생각해 보라. 이 논의에서 나타나는 갈등의 요소들이 어떤 것이든 상관없이, 이 두 젊은 교수들이 보일 수 없는 객관성을 적절하게 추구할 수 있고 또 보일 수 있을 것이다. 그런데 만약 내가 그 둘 중에 하나이고 나의 승진을 위해서 한 표를 줄 것을 요구한다면, 내가 받게 되는 것은 기껏해야 조롱뿐일 것이다.

자아 · 타자 관계에서보다 타자 · 타자 관계에서 치우침이 없을 가능성이

---

86) John Locke, *Two Treaties of Government* (New York: Mentor Books, 1965), 316.

왜 커지는가? 불편부당성을 가능하게 하는 일정 정도의 자기초월에 이르는 데 있어 왜 단순히 관념적인 어려움이 아닌 실제적인 어려움을 겪게 되는가? 하나의 표준적인 응답은 나는 나 자신의 경우에서 본능적으로 편애적이라는 것이다. 이 응답은 근대인들에게 익숙한 것이다. 니체(Nietzsche)와 프로이드(Freud)는 모든 인간 존재에게서 광범위하게 발견하는 병적인 자기몰입(self-preoccupation)에 대한 가장 영향력 있는 분석가들이다.[87] '의심' 의 시각에서의 이들의 분석과 이해는 상당히 일반화되어 있기에 이를 무시하는 도덕가들은 풍자의 대상이 되는 위험을 감수해야 할 정도이다. 그러나 이러한 의심은 근대적 감성(modern sensibilities)에 의해 생긴 것이 아니다. 기독교 사상가들 가운데서도 많은 역사적 보기를 찾을 수 있다. 또한 앞에서 언급한 표준적 응답은 타락에 대한 기독교 신학적 진술에서도 폭넓게 형성되어 있다. 전형적인 인간의 현실은 자아는 '색안경을 통하여 어둡게' 자신을 바라본다는 것인데, 자기기만과 합리화의 가능성에 사로잡혀서 말이다. 그러나 우리는 자아가 덕(virtue)에 대해 저항하는 것을 언제나 회의적 시각으로 바라보아야 하지 않을까. 여하튼 이러한 신학적 진술들이 (니체와 프로이드와 같은) '의심' 의 예언자들에 버금가는 심리학적 예리함을 나타낸다 하더라도, 이것들이 제공하는 설명적, 평가적 틀은 신중심적이지, 인간중심적인 것이 아니다. 처음부터 끝까지 가장 중요한 것은 인간과 하나님 사이의 관계성 또 관계 단절의 문제이다. 우리를 사로잡고 있는 자기폐쇄(self-enclosure)와 자기몰입에의 경향성은 무엇보다도 불신앙이나 교만 혹은 우상숭배로 이해된다. 자기폐쇄와 자기몰입의 경향성의 부정적 결과는 인간의 상호 관계 속에서도 나타난다. 각각의 자아는 그 자신에게 우선순위를 두는 경향이 있으며, 만약 우리가 이러한 경향성을 쉽게 혹은 완전하게 극복할 수 있다고 생각한다면 이것이 미치는 영향력을 너무나 과소평가한 것이다.

전형적인 인간 현실에 대한 이러한 평가들은 많은 기독교 저술가들이(특

---

87) Ernest Wallwork, "'Thou Shalt Love Thy Neighbor as Thyself' : The Freudian Critique," *The Journal of Religious Ethics* (Fall, 1982), 264-319.

히 개신교 저술가들이) 이중 계명 중 '네 몸과 같이' 부분에 내포된 규범적 비중을 판단할 때 자기사랑의 비중을 이웃 사랑에 상응하거나 혹은 버금간다고 이해하는 것에 대해 강하게 거부하는 이유가 무엇인지를 밝히는 데 유용하다. 자기사랑은 그렇게 장려해서는 안 되며, 우리가 그것을 권장해야 한다고 생각한다면 그것은 어이없는 일이 될 것이다. 루터는 그러한 거부의 대표적 보기이다. 그가 기준점으로 삼는 것은

> 인간 본성의 부패이다. 그 때문에 인간은 자기 자신을 그 어느 것보다도 더 사랑하며 모든 것 안에서 자신을 추구하며 자신을 위해 모든 것을 사랑하는데, 심지어 자신의 이웃 혹은 친구들을 사랑할 때도 그렇다. 거기에서도 오직 자기 자신의 것만을 추구한다.[88]

루터는 인간의 본성의 부패에 대한 이러한 진단으로부터 열렬한 자기사랑은 인생의 성패에 상관없이 모든 인간에게서 일관성 있게 드러난다는 결론을 내린다. 우리가 가난하거나 혹은 활기 없는 생을 산다 해도 자기 자신에 대한 관심은 그대로 살아 있다. "아무도 자기 자신을 사랑하지 않는 그러한 비존재가 아니며, 다른 이들을 사랑하는 그 사랑은 자기 자신을 사랑하는 사랑과는 같지 않다."[89]

2) 개선적 전략(the ameliorative strategy)

이러한 진지한 분석은 어떤 실천적 조언을 생산해 내는가? 이러한 분석을 받아들이면서도 비판적으로 방향을 바꾸는 이들은 자기희생을 하나의 덫과 같다고 할 것이며 할 수 있는 한 이해할 수 있는 방식으로(상식을 벗어나지 않는 선에서) 자기 자신의 복지만을 보호하고 증진해 갈 것이다. 그러나 이러

---

88) Martin Luther, *Lectures on Romans*, Wilhelm Pauck, trans. and ed. (Philadelphia: Westminster Press, 1961), 366.
89) *Ibid.*, 367.

한 분석과 사랑의 계명을 모두 진지하게 받아들이는 이들은 다른 방향으로 가야만 할 것이다. 그들이 종종 취하는 실천적 전략은 그 성격에서 개선적인 것이다. 우리는 우리 자신의 경우를 고려할 때 부드럽게 가는 경향성 곧 우리 자신에게는 관대한 반면 다른 이들에게는 엄격한 경향성에 대해 *보상해야* 한다. 니버(Reinhold Niebuhr)의 말을 들어보자. "다른 이들의 이기주의 보다 나 자신의 이기주의를 더 엄격하게 승인하지 않는 태도는 교정을 목적으로 한 교육과 훈련의 과정이 필요하다 할 것인데, 자기 자신에 대한 본능적인 자족과 다른 이들을 판단함에 있어서의 엄중함이 교정되어야 한다면 그러한 교육과 훈련의 과정은 더더욱 필요하다."[90] 자기 자신에 대한 자족과 타인에 대한 엄중함에 대해 효과적으로 반응해야 한다면 그 대책에 있어 불균형성이 요구된다. 그러므로 우리는 자신에 대한 선호를 상쇄하기 위해 타자의 복지에 더 큰 비중을 두어야 할 것이다. 교육과 모방에 의해서 획득되는 일상적인 제일견(第一見, *prima facie* 〈프리마 파시에〉) 원리들이 지배하는 영역으로서의 직관적 사고의 차원에서 이러한 개선적 전략이 견지되어야 한다면, 헤어(R. M. Hare)는 이러한 전략을 조건적으로 선호할 것이다. 실제적인 불균형성이 정당화될 수 있을 것인데, 그가 인정하는 대로 이기주의는 보통 이타주의가 유혹하는 것보다 더 강하게 우리를 유혹하기 때문이다. 그러나 헤어에게 직관적 사고는 반드시 자기 자신이나 자기 편애를 뒷받침하는 성격의 것은 아니다. 이것은 인식론적으로 볼 때 우선적으로 비판적 사고의 차원에 의해 지배되어야 한다.[91] 이 차원에서 우리는 (직관적 사고의 차원에서의) 제일견(第一見) 원리들을 선택하며 또 그것들 사이의 갈등을 해결한다. 바로 이 지점이 우리의 사고가 천사장이나 '이상적인 관찰자'와 닮게 되는 지점이다.

    니버와 같은 좀 더 철저한 개선적 전략의 옹호자들은 인간의 한계와 이기

---

90) Reinhold Niebuhr, *Moral Man and Immoral Society* (New York: Charles Scribner's Sons, 1960), 271.
91) Hare, *Moral Thinking*, 46.

주의의 힘이 너무나 광범위하기에 천사장과 같이 사고할 수 있는 가능성을 의심하며 인간이 스스로를 신뢰할 수 없다고 생각한다. "어느 누구도 자신의 필요를 인식할 때 갖는 예민함을 가지고 다른 이들의 필요를 인식할 만큼 이해력을 갖고 있지 못하다."[92] 우리의 이성적 능력은 "우리가 (그것으로부터 바라보아야 하는 바로서의) 치우침이 없는 관점과 우리가 (그것으로부터 동기와 동력을 받아 행동해야 하는 바로서의) 초월적 지주(支柱)"에 이르지 못할 것이다. "가장 이성적인 사람들도 그들의 이해가 걸리게 되면 결코 이성적이지 못하다."[93] 좀 더 균형 잡힌 개선적 전략이 아니라 오직 실제적인 보상만이 지독한 자기 편애와 싸울 수 있다. 우리 스스로를 천사장이나 무지의 장막 배후에 있는 계약자로 생각하는 실험적 사고에 참여함으로써 이기주의에로의 후퇴를 막아주는 어떤 정의 개념을 끌어낼 수 있을 것인데, 비록 완성된 형태의 것은 아니라도 말이다. 그러나 그 효과는 그리 크지 않은 것처럼 보인다. 적어도 과도한 자기 편애로부터 출발하는 관점은 (자기 편애는 우리가 속한 그룹들에 선호를 보이는 것도 포함해서) 우리가 매일 신문에서 만나게 되는 온갖 갈등으로 신음하는 이 세상을 이해하는 데 더 도움이 될 것이다. 그리고 타자를 선호하는 개선적 전략은 그러한 세상에서 불편부당성의 한 대책을 실현하는데 더 효과적인 것으로 보인다.

3) 기독교 현실주의의 초점과 그 한계들

우리는 어떻게 이 두 번째 불균형성을 평가할 것인가? 불편부당성은 하나의 손쉬운 가능성이라는 가정에 도전하는 사람들은 많은 윤리 이론가들이 갖지 못하는 통찰을 보여준다. 이 통찰은 하나의 경고를 내포하는 것으로서, 우리가 이기성 혹은 자기중심성에 벗어나 스스로를 타자에게 객관적으로 드러내고 또 동등하게 자기 자신과 타자를 대우하려고 하는 시도는 상당히 또 지속적으로 어려운 과제가 아닌가 하는 통찰이다. 이러한 통찰에는 인간 본성과 현실에 관한

---

92) Niebuhr, *Moral Man and Immoral Society*, 28.
93) *Ibid.*, 44.

신학적 이해가 개입하는데, 병적인 자기편애 속에 자리 잡고 있는 죄의 문제가 그것이다. 우리 자신을 우리 존재의 중심으로 만들면서, 다른 이들을 우리의 자기몰입적 추구들에 종속시킴으로써 우리는 그들에게 불의를 행한다.

그러나 자아·자아 관계와 자아·타자 관계 사이에 존재하는 차이와 이 차이에 수반하는 개선적 전략은 그 전략의 지지자들이 제시해 주는 통찰에도 불구하고 여기서 우리가 고려해야 하는 바를 모두 드러내 주지는 못한다. 필자는 개선적 전략에 관한 논의는 악에 대한 우리 자신의 책임으로부터 그 논의를 시작해야 한다는 기독교의 주장에 주목해야 한다고 생각한다. 나는 내 안에 존재하는 악을 먼저 보도록 명령받는다. 나를 공격하는 악한 대상도, 타자에게 부과되어야 할 과실도 먼저가 아니다.[94] 그러나 더 나아가 우리는 우리가 당하고 있는 것이 아니라 우리가 행하고 있는 악을 *먼저* 바로 보는 것과 편견을 두려워하여 다른 이들이 저지른 악을 *결코 인식할 수 없다*고 가정하는 것, 이 둘 사이를 구분해야 한다. 이 구분은 몇 가지 중요한 의미를 내포한다. 예수의 가르침을 상기해 보라(마 7:3-5; 눅 6:41-42). 우리가 스스로 행한 악에 대해 관심을 기울인 후에야, 우리는 다른 이들의 악을 분명하게 볼 수 있을 것이며 또 효과적으로 (교정의 방향으로) 도울 수 있을 것이다. 이러한 행동의 순서를 실제적인 가능성으로 받아들인다는 것은 편향적 판단이나 편애에 대한 두려움(경계) 이상의 그 무엇이 우리의 판단과 측정에 작용할 수도 있다는 점을 내포한다. '그 이상'이 작용하지 않는다면 우리는 결코 최소한의 선에서라도 스스로를 신뢰할 수 없을 것인데, 우리가 우리 자신의 악을 인식할 수 있는 효과적인 능력(예수께서 보유했던 것으로 생각되는 능력)을 갖춘다면 또는 우리가 다른 이들의 악을 인식할 수 있기에 우리가 개선적 전략에 어떤 제한들을 설정해 둘 수 있게 된다면 우리는 신뢰의 가능성을 확보해 갈 수 있을 것이다. 우리 자신의 악을 인식하는 능력을 갖추지 못한다면, 편향적 판단이나 편애에 대한 두려움은 그 자체로 그 초점

---

94) Marilyn McCord Adams, "Redemptive Suffering: A Christian Solution to the Problem of Evil," in *Rationality, Religious Belief, and Moral Commitment*, Robert and William J. Wainwright, eds. (Ithaca: Cornell University Press, 1986), 252-53.

을 상실하고 말 것이다. 다른 이들의 악을 인식할 수 있는 능력을 결여한 개선적 전략은 통제 없는 허용으로 변질하게 될 것이다. 우리가 이 전략을 무비판적으로 혹은 타자의 악에 대한 적절한 인식과 비판 의식 없이 따른다면, 그러한 악에 굴복하는 결과를 낳고 말 것이다.

우리 자신을 신뢰할 수 있기 위해서는 실천 이성의 능력에 대한 긍정적인 평가가 필요하다. 이 실천 이성은, 많은 이들이 생각하는 것 보다 더 높은 빈도로 자기이해(self-interest)의 역동이 정상적인 작용(실천 이성의 작용)을 방해할지라도, 손쉽게 자기이해의 노예로 전락하지는 않는다. 실천 이성이 실수할 수도 있고 또 자기편애적인 방향으로 작동할 수도 있다. 그러나 언제나 그런 것은 아니다. 실천 이성은 명료하게 *작용할* 수 있는데, 제3자들의 문제 뿐 아니라 자기 자신의 이해나 주장이 개입되는 상황에서도 그럴 수 있다. 이런 맥락에서 우리 자신이 이해 당사자가 되는 경우에서도, 실천 이성이 자기이해의 노예로 추락하지 않고 그러한 위험을 뛰어넘어 정의를 추구하는 방향성을 견지한다는 의미에서, 이러한 긍정적 가능성은 규범적 기준으로서의 불편부당성을 일정 정도 뒷받침할 수 있을 것이다. 언제나 어렵지만, 그러나 언제나 불가능한 것은 아니다.

5. 나는 나 자신의 고유한 정체성과 개인적인 성취에 우선적인 가치를 두어야 하는가?

필자는 이제 불편부당성에 문제가 있다고 보는 다른 한 쌍의 두 가지 반대 주장들에 대해 생각할 것인데, 여기서 반대의 주된 이유는 불편부당성이 정당한 자기 배려의 가능성을 소홀히 한다는 것이다. 이 두 가지 반대 가운데 첫 번째 것은 순전히 규범적인 접근이다. 요점은 불편부당성은 내가 나 자신의 삶에 마땅히 돌려야 할 가치를 적절히 인정하지 못하고 있다는 것이다.

1) 나 자신에게 고유한 인격

나 자신의 가치에 관한 논의를 헨리 제임스(Henry James)의 소설 『보스

턴사람들』(*The Bostonians*)의 한 부분을 인용함으로 시작하려 한다. 이 소설에서 제임스는 한 평생을 사회적 명분을 위해 헌신한 버즈아이 여사(Miss Birdseye)의 삶의 이야기 그리고 그녀의 사람됨에 대해 기술한다.

그녀의 얼굴은 슬프고 연약해 보이며 또 창백하다. 마치 용해제에 서서히 노출이 되어 흐릿해지고 모호해 진 것과 같아 보인다. 평생에 걸친 자선의 삶이 그녀의 삶을 설명하려 할 때 그리 큰 자리를 차지하지 못하는 것 같다. 오히려 그녀의 사회적 헌신이 그녀의 인격을 구성하는 특징들이 형성되어 가고 또 의미를 구성해 가는 데 장애가 되는 듯하다. 공감과 열정의 파도들은 마치 세월의 파도가 오래된 대리석 흉상들의 표면의 날카로움과 섬세함을 서서히 무디게 하는 것처럼, 그녀를 그녀 되게 하는 특징들을 무디게 만들어 간다. 그녀의 제법 큰 얼굴에서 미소를 발견하기란 쉽지 않다. 미소가 있다 해도 그것은 지불해야 할 것을 계좌에 입금하듯이 해야 하기에 하는 것처럼 그렇게 미소를 만들어 내는 것 같다. 시간만 더 있으면 더 웃을 수 있다고 말하는 것 같다. 아니, 당신이 원한다면 얼마든지 친절할 수 있고 또 그렇게 얼마든지 위장할 수 있다고 말하는 것 같다.

그녀는 언제나 같은 스타일로 옷을 입는다. 깊은 호주머니가 있는 검은색 외투를 입고, 그 호주머니에는 서류들과 수많은 편지들로 가득하다. 그 외투 아래로는 활동하기 편한 짧은 하의를 받쳐 입는다. 그녀가 선택한 의상의 이러한 간결함을 통해, 그녀는 애써 자신은 일하는 여성이요 활동을 위해 거추장스러운 것은 기꺼이 제거할 수 있다는 의지를 표현하고 있는 듯하다. 그녀는 '짧은 치마 리그'(the Short-Skirts League)에 속해 있다. 그러나 사실 어떤 목적으로 모인 모임이든지, 다 속할 준비가 되어 있다. 이렇게 활동하며 산다고 해도 그녀가 혼돈에 빠져 있고 어딘가에 부자유스럽게 메여 있으며 또 산만하기 그지없는 나이든 여인이 되어가는 것을 막지는 못했다. 그 나이든 여인의 자선 행위는 어디서 시작해서 어디로 끝났는지 모르게 목적지 없이 이어지고, 그녀에 대한 신뢰

또한 그러한 자선의 여정에 상응할 뿐이다. 50여년 인도주의적 열정을 쏟아 내었는데도, 그녀는 자신의 동료 인간들에 대해 더 깊이 알아가기 보다는, 오히려 그들이 만든 여러 모양의 체제와 공동체 안에서 벌어지는 부당하고 악한 행위들에 대항한 응전을 위해 그 안에서 허우적대는 자신의 모습을 발견하고 만다.[95]

이것은 어떤 면에서는 매우 우호적이지 못한 평가이다. 그럼에도 불편부당성이나 이타주의가 쉽게 귀결될 수 있는 문제점들을 드러내 주고 있지는 않은가. 버즈아이 여사는 적어도 제임스가 소중히 여기는 두 가지를 잃고 있다. 첫째, 그녀는 그녀만이 갖고 있는 고유한 인격적 특징들을 간직하지 못하고 있다. 다른 이들을 위한 그녀의 철저한 헌신이 자신의 개인적 정체성을 잠식하도록 내버려 두었다. 둘째, 그녀는 인간 삶에 관한 축적된 지식을 결(缺)하고 있다. 삶에서 우리가 만나야 하는 불가해한 왜곡들과 변화들 그리고 인도주의적 대안들에 대한 끊임없는 저항 같은 것들 말이다. 그녀는 어떤 이상에 사로 잡혀 있는데, 그 이상은 그녀로 하여금 이 세상에서는 완전한 구원을 이룰 수 없다는 것을 인정치 못하게 한다.

이러한 점은 분명히 인정되어야 한다. 개인의 정체성에 대해 우리는 긍정적으로 가치를 매겨야 한다. 불편부당성에 대한 현대 철학자들의 비판에서 우리는 개인의 정체성을 긍정적으로 평가하는 흐름을 분명하게 찾을 수 있다. 특별히 윌리엄스(Bernard Williams)가 대표적인 보기이다. 이러한 비판에서 자기배려에 대한 규범적 주장들을 끌어낼 수 있다고 보는데, 이러한 주장들은 불편부당성을 옹호하는 이론들에서 찾아보기 힘든 것들이다.

불편부당성을 지지하는 공리주의적 견해와 신칸트주의적 견해, 이 두 가지 모두가 이러한 비판의 대상이다. 공리주의적 견해는 개인의 분리성(혹은 개별성)을 적절히 존중하지 못하고 있다. 우리가 본 대로, 누가 바람직한 결과물을 낼 것인지 그리고 특별히 내가 그 주체가 될 수 있는지에 대한 질문들은 자아

---

95) Henry James, *The Bostonians* (Oxford: Oxford University Press, 1984), 23.

에 대한 적절한 고려가 배제된 채 결과에 대한 평가만을 치중하는 경향을 보이는 것 같다. 신칸트주의적 견해는 개인의 분리성(혹은 개별성)을 존중하는 것에 관해서는 상대적으로 더 낫지만, 개인의 정체성을 부각하는 데는 여전히 충분치 못한 것으로 보인다. 앞에서 본대로, 이러한 견해들은 불편부당성이 무엇보다도 관계적인 측면에서 받아들일 수 있는 제도적 장치들을 필요로 하는 것으로 생각한다. 이 견해들은 때때로 상호 무관심과 무지의 장막을 상정하는데, 이것들은 자기 편애를 규범적으로 수용하려 하지 않는다. 우리는 그 결과에 참여하는 *누군가*가 되고 싶어 하는 기대를 공평하게 반영해 주는 원칙들에 충실하려고 한다. 그러나 이러한 원칙들이 지향하는 도덕적 행위자로서의 개인의 인격은, 비판가들이 지적하는 대로, 우리가 수용할 수 없는 정도로 공허하거나 추상적이다. 인격을 갖추기 위해 행위자는 하나의 독특한 *누군가*가 되어야 하는데, 이 사람은 개인적인 계획과 자신의 삶을 헌신할 목적을 보유하고 있으며 그야말로 자기 자신의 인생을 이끌어 가는 사람이다. 이러한 계획과 생(生)의 목적은 행위자로 하여금 자신의 삶을 내향적 시각으로 바라보게 만든다. 이것들은 어떤 합리적인 인생 계획에 관한 견해 곧 오직 외향적 관점만을 내포한 견해로서는 만족스럽게 설명될 수도 없고 또 현실화될 수도 없다.[96]

공리주의와 신칸트주의에 대한 이런 비판들이 얼마나 정당하고 적절한가에 대한 검토는 논외로 하더라도, 여기서 우리는 그 비판들이 개인의 정체성이 긍정적으로 존중되어야 한다고 역설하고 있다는 점은 분명히 인식해야 할 것이다. 크게 두 가지 방향에서 존중되어야 한다.

첫째, 자기 자신의 삶을 영위해 가기 위해서, 그 인생에 의미를 줄 수 있는 그리고 인격적 통일성에 본질적으로 중요한 (자기 자신에게 고유한) 인생의 계획들과 헌신의 대상들이 있어야 한다. 이 계획들과 헌신들은 자기몰입에로 변질될 성격의 것들은 아니며 또 많은 경우 순수한 타자 배려를 포함하고 있는 것들이다. 그럼에도 이 계획들과 헌신들은 불편부당론이 이성에 부합된다는 이유로

---

[96] 말하자면 "최적의 상태로 가득 채워야 하는 사각형과 같은 어떤 것"이다. Williams, *Moral Luck*, 12.

요구할 수 있는 바에 대한 무조건적 승인을 견제하는 장치가 될 수 있으며 또 갈등이 발생할 때 불편부당성을 추구하는 윤리가 항상 승리하는 것을 막는 장치로 작용할 수 있다. "도덕 행위자로서 불편부당성을 근거로 한 선(善)의 질서를 형성한다는 명목으로 자기 자신을 포기하는 것이 비이성적으로 받아들여질 때가 올 수 있다. 이 세상에 존재하는 것에 관심이 있다면, 그러한 존재가 가능하기 위해 필요한 조건으로서의 어떤 것을 (포기해서는 안 될 것이다)."[97]

둘째로, 자신의 계획이나 헌신들이 갖는 중요성을 인식하는 것은 개인의 도덕적 완숙과 행복이라는 이상을 환기시키는데, 이것들은 철저하게 이타주의적인 도덕적 이상이 간과하기 쉬운 것이라 할 수 있다. 이제 불편부당성이 아니라 이타주의가 비판 받는 자리에 선다. 울프(Susan Wolf)는 오직 이타주의적 이상으로 무장되어 사는 사람들을 '도덕적 성인'이라 부른다. 그녀가 보기에 그들의 삶은 바람직하지 못하다. "도덕적 성인은 정말 대단하다고 감탄할 정도로 친절해야 할 것이다. 그는 결코 공격적이어서는 안 된다. 그 결과로 그는 위트에 무디고 유머가 부족하며 심지어 과묵하게 될까 염려된다."[98] 그러한 도덕적 성인들은 개인적인 독특성을 상실하고 인생에서 즐겨야 할 것들을 즐길 수 있는 능력을 보유하고 있지 못하기에 매력적이지 않다. 이렇듯 타자 배려를 강조하는 도덕성이 개인의 삶에 주는 위험은 실로 크다 하겠다. 이들의 도덕성은 무언가를 열렬히 추구하고 있으며 또 항상 정직하게 사는 것처럼 보이는데, 이는 도덕적 요구들이 비도덕적인 요구들보다 언제나 강하고 고상하다고 생각하는 그들의 정형화된 사고방식의 결과라 할 수 있다. 그들에게 있어, 도덕이라고 하는 것은 언제나 비도덕적인 요구들을 포섭하거나 가치를 강등시킨다.

이러한 매력 없음과 정직함을 감안하면서 우리가 심각하게 고려해 보아야 할 것이 있는데, "도덕적으로 나은 것은 언제나 나은 것이라는 가정"이다.[99]

---

97) Williams, *Moral Luck*, 14.
98) Susan Wolf, "Moral Saints," *The Journal of Philosophy*, 8 (August, 1982), 422.
99) *Ibid.*, 438.

울프에게서 우리는 얼마만큼 이타주의적 도덕성을 견지할 것인지에 대한 정당한 한계 설정의 가능성을 발견한다. '잘 사는 삶'은 도덕적인 가치들(예를 들어, 굶주린 이들을 먹이는 것, 병든 이들을 고치는 것, '유나이티드 웨이'〈United Way〉와 같은 자선단체에 기부하는 것 등)뿐 아니라 도덕적인 가치가 아닌 가치들(소설을 읽는 것, 오보에를 연주하는 것, 테니스의 백핸드 실력을 향상시키는 것 등)도 실현하며 사는 것이다. 그러므로 좋은 삶 곧 '개인의 완성에 대한 관점'에서 설명된 삶[100] 그리고 도덕적인 삶 곧 다른 이들과 사회 전체의 복지를 위해 철저하게 헌신하는 삶, 이 둘 사이의 관계는 서로 규정할 수 있는 성격의 것이 아니다. 도덕적인 삶은 좋은 삶의 한 부분이지만, 전부는 아니며 또 지배적인 부분도 아니다.[101] 그리고 이 둘은 충돌할 가능성이 있고 또 실제로 충돌한다. 충돌이 일어날 때, 항상 이 도덕성에 대한 고려가 우선이라는 식의 서열 설정은 있을 수 없다.[102]

2) 자기 자신의 고유한 삶의 가치를 존중하는 것에 대한 신중심적 옹호

지금까지 살핀 대로, 불편부당성과 이타주의에 대한 비판들과 개인의 정체성에 대한 긍정적인 평가 사이의 긴장은 사랑의 계명을 해석하고자 하는 우리의 시도를 더욱 복잡하게 만든다. 이런 복잡함을 풀고자 씨름하는 것은 매우 의미 있는 일이다. 필자는 다시금 신중심적 설명과 평가의 틀 안에서 논의를 진행해 가고자 한다. 특별히 여기서 하나님 사랑의 계명을 고찰할 것이다. 필자는 먼저 신중심적 해석의 틀 안에서 개인의 독특한 정체성을 긍정적으로 평가할 수 있는 가능성을 모색할 것이다. 그리고 나서 이러한 신중심적 시각으로부터의 평가가 버즈아이 여사의 삶을 어떻게 분석할 수 있는지를 고찰할 것이다.

---

100) *Ibid.*, 437.
101) Nagel, *The View from Nowhere*, 195-200.
102) Wolf, "Moral Saints," 438.

필자는 바르트(Karl Barth)의 저작에서 발견할 수 있는 긍정적 평가를 언급하고자 한다. 그의 저작에서 이러한 평가를 찾을 수 있다는 것은 놀라운 일인데, 왜냐하면 루터가 그랬던 것처럼 바르트는 종종 자기사랑을 이웃 사랑과 결부된 다른 하나의 명령으로 보는 입장을 거부하기 때문이다. 자기 자신을 (타자를 위해) 내어 주는 것은 바르트의 *아가페* 해석에 있어서 핵심적 내용이다. 또한 그가 비정상적으로 자기 자신을 관철하고자 하는 인간의 잠재적 가능성을 소홀히 하고 있다고 비판할 수 없을 것이다. 그러나 필자는 개인의 독특한 정체성을 긍정적으로 평가하는 바르트의 견해는 정당한 '자기 배려'에 담긴 규범적인 의미를 파악하는 데 있어서 귀중한 통찰을 제공해 준다고 생각한다. 더 나아가, 이러한 자기 배려의 의미에서 우리가 받아들일 수 있는 '자기사랑'의 개념을 찾을 수 있다. 비판적 시각들을 무릅쓰고 바르트가 자기사랑을 적절한 자기 배려로부터 완전히 분리시켜 놓은 것은 문제를 풀기보다 더 꼬이게 하는 것이다. 요컨대, 이러한 배려에 대해 우리는 합당한 관심을 기울여야 하는데, 신중심적 관점에서 본다면 자기사랑의 적절한 의미를 찾을 수 있기 때문이다.

　바르트가 긍정적으로 평가하는 자기 배려의 의미는 '생명에의 존중'이라는 주제에 대한 그의 일반적인 논의에서 찾을 수 있다. 이러한 존중은 '생명의 가치에 대한 분명한 인정'을 요구하며 또 나 자신이 되고자 하는 '확고한 의지'를 요구한다.[103] 이러한 확고한 의지는 "그 안에서 각 사람이 하나님 앞에서 또 하나님을 위하여 살아 갈 수 있는 바로서, 개인성에 대한 존중"을 수반한다.[104] "하나님 앞에서 그리고 하나님이 말씀하시는 대상으로서, 모든 사람은 독보적이며 또 그렇게 되고자 해야 한다."[105] 마지막으로 "하나님이 명령하신 존중과 인정의 대상은 실로 하나님이 모든 사람에게 주신 생명인데, 하나님은 각자가 보

---

103) Karl Barth, *Church Dogmatics*, III/4, A. T. MacKay, et al., trans. (Edinburgh: T. & T. Clark, 1961), 385.
104) *Ibid.*,
105) *Ibid.*, 386

유하는 독특성과 개인성 안에서 그 생명을 주셨다."[106]

그러한 존중과 인정은 본능적인 자기주장이나 자기중심성에 기인한 것이 아님을 분명히 해야 할 것이다. 오히려 그것은 필연적으로 하나님과 우리 사이의 관계에서 찾아야 한다. 이 관계성은 본능적인 자기주장의 포기를 내포한다. 바로 그 때, 자기주장을 포기할 때, 우리는 하나님이 창조하시고 말씀하시는 바대로 우리 자신을 다시 찾을 수 있다. 바르트는 자신의 생명을 구원하려 하면 잃을 것이고 반대로 예수와 복음을 위해 자신의 생명을 잃으면 얻으리라는 신약성경의 말씀을 언급한다. 이 말씀을 이어 나오는 구절에는 (바르트는 중요한 연관이 있다고 보는데) 영혼을 잃는다면 온 세계를 얻는다 해도 진정 얻는 것이 무엇이며 또한 영혼을 대신하여 무엇과 바꿀 수 있겠느냐는 물음이 나온다(예를 들어, 마 16:24-26). 바르트는 여기서 '영혼'은 '하나님의 영으로' 사는 사람의 생명을 가리킨다고 말한다.[107] 나는, 그렇게 사는 나의 생명은 이 세상에 그 누구와도, 그 무엇과도 바꿀 수 없는 것으로 보아야만 한다. 바로 그 때, 아니 그 때에만, 나는 나의 나됨으로 부름 받고 있다고 말할 수 있다.

"너 자신이 되는 것"이 의미하는 바는 그러므로 "너 자신의 인격으로 형성되어 가는 것이며 네 자신의 독특한 삶의 계획을 받아들이는 것이며 또 육체에 저항하는 성령 안에서의 씨름의 과정에서 드러나는 존재의 방식을 점점 더 분명

---

106) Ibid.

107) Ibid. 이 문장에서 바르트는 분명하게 자연적인 자기주장(self-assertion)을 비판한다. 그러나 다른 곳에서 자연적인 자기입지확인(self-positing)은 긍정적으로 받아들인다. 이는 어떤 자아존재감인데, 이런 내용이다. "우주 안에 존재의 자리를 차지하는 나 자신에 대한 감각이며; 나의 존재의 모든 자유와 필연성 안에서의 나 자신에 대한 감각이며; 나를 위해 존재하는 외부 세계와 연관하여 파악되는 모든 나의 특수성과 연관성들의 총체적 흐름 안에서의 나 자신에 대한 감각이며; 이 세계 안에 스스로를 투사하고자 하는 욕망과 능력 안에서의 나 자신에 대한 감각이다." Barth, *Church Dogmatics*, III/2, Harold Knight, et al., trans. (Edinburgh: T. & T. Clark, 1960), 245. 이 비판을 인간은 하나님과 다른 동료 인간을 떠나서 존재하는 자기충족적 존재라는 관념에 대한 바르트의 강한 부정의 한 부분으로 본다면, 그의 주장 안에 상반된 논리가 비양립적으로 상존한다는 비판을 피할 수 있다. 바르트에게 인간됨의 기본적 형태는 '함께 인간됨'(co-humanity)이다. 이 '함께 인간됨'을 설명할 때, 바르트는 다시 한 번, 좀 더 심화된 의미에서 자기입지확인을 확증한다. "우리는 서로를 대체할 수 없다.... 나는 너의 책임을 맡을 수 없고, 너도 그렇게 할 수 없다. 나와 너는 서로 교환할 수 없는 성격의 존재들이다. 나와 너는 둘 사이의 관계성에서 뿐 아니라, 각자의 특수성에서 궁극적인 피조적 실존(ultimate creaturely reality)이다." *Ibid.*, 261.

하게 네 자신의 것으로 받아들이는 것이다. 또한 하나님이 너를 위해 의도하신 존재 곧 하나님이 너에게 허락하시고 할당해 주신 삶의 모습으로 받아들이는 것을 의미한다.... 그러므로 이러한 모습으로 존재하려 하는 것은 주관적이거나 자기중심적인 것이 아니라 기꺼이 복종하려는 의지의 발로이며, 이는 완전한 겸손과 완전한 용기로부터 나온다. 이것은 나태한 무기력과도 다르며 또 이카루스(Icarus)의 오만한 상승과도 다른 것이며, 오히려 이것은 성취의 약속을 향해 간다."[108]

나의 독특한 삶의 가치를 인정하는 것은 만일 내가 다른 사람들도 그렇게 독특한 가치로 부름 받았다는 점을 인정한다면, 잘못된 자기주장으로 여겨질 수 없을 것이다. 그렇게 나의 가치를 인정하는 것은 임의적인 자기주장이라 할 수 없는데, 나에게 주어진 삶의 모습은 나의 것이 되도록 부름 받은 바로서 나의 인격을 규정하기 때문이다.

여기서 우리는 개개인의 삶에 대한 하나님의 섭리를 믿는 신앙을 분명하게 찾을 수 있다. 우리가 이 신앙을 갖는다면, '자기사랑'이나 '자리 배려'와 같은 개념들을 부정적인 의미로만이 아니라 건설적인 의미에서도 받아들여야 할 것이다. 건설적으로 받아들인다 함은 기꺼이 하나님께 복종하려는 의지적 결단은 결코 자기 자신을 파괴하지 않을 것이라는 점을 가정한다. 여기서 자기 파멸을 피하기 위해 하나님을 제거해야 한다고 하는 니체의 주장을 받아들일 필요가 없는 것이다. 나는 내 인생의 계획들과 헌신들을 소중히 여겨야 하는데, 이는 그것들이 배타적이거나 자기중심적인 의미에서 나의 것이기 때문이 아니다. 오히려 나는 그것들이 하나님으로부터 온 것으로 생각해야 한다. 궁극적인 출처는

---

108) Barth, *Church Dogmatics*, III/4, 388. 바르트가 같은 책 앞 부분에서 제시한 남자가 앞서고 여자가 뒤따른다는 인간론적 순서에 관한 관념과 연관 짓지 않으면서도. 바르트의 '나태한 무기력'과 '거만한 상승' 사이의 구분을 활용할 수 있다고 본다(*Ibid*., 168-181). 이러한 입장에 대한 신학적으로 보수적인 입장에서의 비판을 살피고 싶으면 다음을 참고하라. Paul K. Jewett, *Man as Male and Female* (Grand Rapids, Mich.: Eerdmans, 1975). Elizabeth Clark and Herbert Richardson, eds., *Women and Religion* (New York: Harper, 1977), 239-44.

하나님이지, 다른 어떤 존재가 아니다. 그리고 나는 적극적으로 그것들을 하나님과 연관해서 받아들여야한다. 그것들의 가치를 인정하는 것은 하나님을 존중하는 하나의 중요한 방법이 된다.

3) 불신앙(faithlessness)의 두 가지 종류로서의 교만과 게으름

이제 우리는 개인의 고유한 정체성에 대한 긍정적인 평가가 어떻게 버즈아이 여사의 삶을 분석하는지를 살필 차례이다. 우리가 본대로, 버즈아이 여사는 다른 이들을 위해 철저하게 헌신하는 삶을 살아가면서, 자신의 고유한 정체성이 잠식되는 것을 받아들였다. 신중심적 틀 안에서 우리는 이러한 현상을 어떻게 해석할 것인가?

버즈아이 여사의 상황은 다시 떠올려 보자. 그녀는 자신에게 속한 모든 시간, 자원 그리고 심적 에너지를 타자를 위해 다 써버렸다. 이러한 고갈로 인해 그녀는 자신의 인격의 통전성을 지키는 데 필요한 경계선들이 모두 허물어지는 결과를 보게 된 것이다. 그녀의 인격은 불명확한 것이 되어 버렸다. 그렇게 경계선들이 허물어지면, 어떤 문제들이 발생하며 신중심적 틀 안에서 어떤 구체적인 분석을 내놓을 수 있는가? 다음과 같은 해답을 생각해 보자.

우리가 본 대로, 바르트는 하나님께 대한 순전한 복종이 '나태한 무기력'도 아니고 또 '거만한 상승(soaring)'도 아니라는 점을 분명히 한다. 이러한 인식은 교만의 죄 뿐 아니라 게으름의 죄도 진지하게 고려해야 한다는 전통적인 이해를 상기시킨다. 게으름은 자아의 어떤 특정한 상태를 가리키는데, 이는 수동성과 무기력이 지배하는 상태이다. 이것은 무행동과 게으름을 포괄하지만, 그 작용하는 범위는 더 넓다. 방향 혹은 초점을 잃은 행동들이다. 가장 전형적인 작용의 형태는 자아가 쓸 수 있는 에너지를 목적 없이 분산하는 것이다. 게으름이 지배하는 삶에서 우리는 식별할 수 있는 어떤 삶의 형태 혹은 인격의 형태를 찾아보기 어렵다. 그러한 삶을 서술하려 할 때, 구속력이 있는 목표들이나 분명한 관점들 혹은 지속적인 헌신들을 찾지 못해 쩔쩔맬 것이다. 그러한 삶을 사는 사람에게는 독특성 곧 어떤 특징적인 인격적 중심을 찾아보기 힘들다. 그 사람은 독특성을 개발하기 위해 진력하기보다 그러한 수고를 피하려 한다. 게으름은 결국 책임을 물을 만한 내면적 활력의 부재를 내포한다. 이것은 우리 모두가 존중해야 하는 충만한 종교적 도덕적 이유가 있는 '도덕행위자로서의 주체성'을 부정한다.

여기서 두 가지 질문을 던져야 한다. 첫째, 게으름의 위치는 교만에 비교하면 어떤가? 둘째, 게으름에 사로잡힌 사람이 다른 사람들과 관계를 맺으며 살아갈 때 그 관계의 형태는 어떠한가? 간단하게 답해 보도록 하자.

첫째, 교만이나 권력에의 의지 뿐 아니라 게으름도 우리를 유혹한다는 주장은, 특히 현대 페미니스트 사상가들의 중요한 탐구 주제가 되어 오고 있다. 예를 들어, 세이빙(Valerie Saiving)은 교만이나 권력에의 의지에 근거한 행동으로 포괄할 수 없는 잘못된 행동의 실례들을 제시한다. "사소하게 보는 것, 관심을 다른 데 쏟는 것, 에너지를 분산하는 것; 삶을 구성하는 중심이나 초점을 상실하는 것; 자신의 가치가 인정받기 위해 다른 이들에 의지하는 것…, 요컨대, 자아의 성숙에 대한 무관심 혹은 부정이다."[109]

이러한 주장에 동의하는 것은 나태한 무기력과 거만한 자기 과시는 전혀 다른 유혹으로 남는다는 것을 의미한다. 우리가 둘 중 하나를 다른 하나에 환원하려고 할 때 각각에게 우리가 충분한 관심을 돌려야 함에도 그렇게 하지 못하게 된다. 실로 둘 다 우리가 어느 것에든 굴복할 때 우리가 죄를 짓게 된다는 의미에서 심각한 유혹이다. 우리가 버즈아이 여사를 철저하게 희생양으로 보아

---

109) Valerie Saiving, "The Human Situation: A Feminine View," in *Womanspirit Rising: A Feminist Reader in Religion*, Carol P. Christ and Judith Plaskow, eds. (San Francisco: Harper, 1979), 37; Barbara Hilkert Andolsen, "Agape in Feminist Ethics," *The Journal of Religious Ethics*, 9/1 (Spring, 1981); Christine E. Gudorf, "Parenting, Mutual Love, and Sacrifice," in *Women's Consciousness, Women's Conscience: A Reader in Feminist Ethics*, Barbara Hilkert Andolsen, Christine E. Gudorf, and Mary D. Pellauer, eds. (Minneapolis: Winston, 1982), 175-91; Judith Plaskow, *Sex, Sin and Grace: Women's Experience and the Theologies of Reinhold Niebuhr and Paul Tillich* (Lanham, Md.: University Press of America, 1980).

서는 안 된다. 여전히 책임적인 행위 주체로 볼 수 있으며 또 자기공백화(self-evacuation)의 공범으로도 볼 수 있을 것이다. 어느 쪽으로의 평가든 정당하다고 보아야 할 것이다. 이런 맥락에서 던피(Susan Nelson Dunfee)의 주장은 주목할 만하다.

> 인간의 죄악됨은 단지 교만의 죄만이 아니라 도피의 죄이기도 하다. 인간의 교만을 심판하시는 하나님은 인간의 도피나 수동성 역시 심판하시는데, 하나님은 자아의 희생을 요구함으로써가 아니라 용납된 자아가 자유에로 부르심을 온전히 파악하고 또 발현해 감을 통하여 인간성을 충만히 실현해 가기를 바라신다.[110]

이기적이거나 끊임없이 무언가를 쟁취하거나 소유하고자 하는 습성 뿐 아니라 자기 방향성을 상실하는 것 역시 (한 사람의 인생을) 망치게 하는 것임을 알아야 할 것이다. 전자의 프로메테우스적 죄 곧 비정상적인 자기주장의 형태를 띤 죄 뿐 아니라 게으름 역시 또 다른 하나의 타락인데, 이 게으름은 프로메테우스적 과잉과 변증법적 긴장 관계를 이루고 있다. 이것은 버즈아이 여사의 삶을 이해하는 데 유익하다. 그녀는 게으르지 않지만, 하나의 목적에서 다른 목적으로 쉽게 옮겨간다. 물론 그녀는 다른 이들에게 불의를 행하거나 선행을 타자 지배의 도구로 사용하려는 사람들과는 다르다.

둘째, 이 두 가지 종류의 타락은 다른 사람들과의 관계에서 구체적으로 나타난다. 앞에서 비정상적인 자기주장이 어떻게 그렇게 되는지를 살펴보았고, 이제 게으름의 경우를 살펴보자.

자기 자신을 망각하기까지 다른 이들을 위해 살 수 있다. 다른 이들과 함께 살아가다가 나의 독특한 인격을 잃을 수도 있다. 버즈아이 여사는 누구보다 이

---

110) Susan Nelson Dunfee, "The Sin of Hiding: A Feminist Critique of Reinhold Niebuhr's Account of the Sin of Pride," *Soundings*, 65/3 (Fall, 1982), p.324.

러한 삶의 모습과 일치하는 것 같다. 익명성을 찾기 위해서, 다른 이들에 집중하는 것이 더 쉬운 길일 수도 있다. 버즈아이 여사는 익명성이라는 자유를 누리기 위해 언제나 공적이고 이념적인 일들에 자신을 몰입하려 했는지도 모른다. 익명성을 열렬히 추구하는 사람들의 삶에서 우리는 마땅히 간직해야 할 행위자로서의 주체성을 부정하는 모습이나 하나님께만 돌려야 할 충심을 가지고 다른 피조물들을 받드는 모습을 발견하기도 한다. 육체적 감각에 휘둘리는 경우, (정치사회적) 체제들과 대의명분 혹은 다른 인간 존재를 우상을 숭배하듯 받드는 경우 등을 그 보기로 생각해 볼 수 있다.[111]

그러므로 버즈아이 여사의 삶을 자기 자신으로부터 도피하려 하고 또 다른 피조물 인간을 우상화하려 하는 일반적인 유혹의 구체적인 한 보기로 볼 수 있을 것이다. 자기 자신을 배려하는 것 뿐 아니라 다른 이들을 배려하고자 힘쓰는 삶 역시 우상숭배적 열심으로 흐를 수 있다. 우리는 다른 사람들을 잘못된 방식으로 사랑할 가능성이 있는데, 그들이 설정해 놓은 명분이나 주장을 무비판적으로 따르는 것이야말로 잘못된 사랑의 양태라 할 것이다. 다른 이들에게 봉사할 때, 우리는 이러한 무비판적 복종의 위험을 염두에 두어야 한다. 버즈아이 여사는 이 점에서 실패했다. 단지 다른 이들의 목적을 이루기 위한 '도구'가 되기 위해 자기 자신의 삶을 내어 놓은 것이다.

이러한 일반적인 유혹은 우리가 실제적인 위험으로 받아들이기에 충분한 경험적 증거들을 어렵지 않게 찾을 수 있다. 비록 허구의 인물이라 하더라도, 버즈아이 여사는 그녀 자신에게 고유한 삶을 살아내지 못했다. 이러한 유혹에 넘어가는 것은 실제 인물들의 삶에서도 나타나는 것이다. 이 점을 강조하는 것은 오직 페미니스트 사상가들만의 몫은 아니다.

지금까지 이 유혹에 관해 우리가 살핀 바에 기초하여 좀 더 심도 있는 내용들을 진술하고자 하는데, 이 내용들을 우리의 논의가 길을 잃거나 혹은 엉뚱한 결론에 이르게 되는 것을 방지하는 역할을 할 수 있다. 필자는 네 가지로 정리해

---

111) *Ibid.*, 318-319.

볼 것인데, 둘은 인간의 변덕스러움이 내포하는 특징들과 연관되며 또 다른 둘은 좀 더 희망적인 것으로 다른 이들을 배려하는 것과 자기 자신을 배려하는 것 사이에는 언제나 충돌이 있다는 주장에 대한 반박과 관련이 있는 것들이다. 다른 이들을 배려하면 할수록, 나 자신에 대한 배려는 축소된다는 식으로 결론 내려서는 안 된다. 반대의 경우도 마찬가지다.

첫째, 지향점이 불분명한 모든 행동들이 버즈아이 여사의 경우에서처럼 반드시 자기몰입으로부터 자유로운 것은 아니다. 자기 자신에 몰입하면서 충분히 초점을 잃은 삶을 살 수 있다. 효율성이 떨어지는 삶을 산다는 것과 이기적이지 않은 삶을 사는 것이 필연적으로 동일하다고 볼 수 없다. 둘째, 자기 자신을 훼손하는 모든 행동들이 반드시 다른 인간 존재에 대한 우상숭배적 집착으로 귀결된다고 볼 수도 없다. 다른 이들보다 더 큰 힘을 가지고 그들을 지배하기 위해 우리는 얼마든지 우리 자신을 훼손할 수 있다. 셋째, 철저하게 다른 이들을 배려하는 삶을 산다고 해서, 그러한 삶에서 고유한 인격을 찾아 볼 수 없다고 말할 수 없다. 우리는 버즈아이 여사와 테레사 수녀를 구분할 수 있는 방식을 찾아야 한다. 이 둘 사이에 분명한 차이가 있다는 것은 확실해 보이는데, 그러한 차이는 사후적 고찰을 통해 밝혀진 것이다. 테레사 수녀의 타자 배려적 삶이 그녀의 모든 수고를 지향점이 불분명하게 만들었다거나 또는 그녀의 인격에 고유한 것이 존재하지 못하게 한다는 식의 결론으로 이를 필요는 없다. 그녀의 인격적인 특징들에는 분명히 그녀만의 고유함이 있다. 넷째, 모든 이타적 행동들이 반드시 다른 이들에 대한 우상숭배적 집착으로 이른다고도 볼 수 없다. 우리가 본대로, 봉사와 굴복은 구별할 수 있다. 전자는 다른 이들에 대한 현실주의적 사랑에 근거한다. 이 경우에 사람들은 자신의 행복과 불행에 대해 관심을 갖고 또 진솔하게 자신의 실패와 악한 모습들을 바라 볼 줄 알며, 그러한 실패와 악한 모습들을 죄악된 것으로 인정하고자 하는 열린 자세를 견지한다. 후자는 이상화(理想化)와 감상적 반응에 근거한다. 사람들은 다른 이들을 우상으로 만들고 우상으로 삼은 이들의 인정을 받기 위해 무슨 일이든지 할 준비가 되어 있다.

이러한 응답들을 긍정한다고 가정해 보자. 교만과 게으름은 분명히 다른 유혹들이며 인간관계 속에서 다른 형태로 나타난다. 이 두 가지 유혹의 공통된 뿌리를 신중심적 설명과 평가의 틀 안에서 찾을 수 있다고 필자는 생각한다. 그렇게 함으로써 우리는 다른 이들을 배려하는 것과 자기 자신을 배려하는 것이 언제나 충돌 관계에 있을 필요는 없다는 견해를 더욱 뒷받침할 수 있을 것이다.

그 뿌리는 하나님에 대한 *믿음의 부재*이다.[112] 나는 객관적으로 다른 이들보다 더 중요하다고 가정하는 교만의 죄는 믿음의 부재로부터 온 것이다. 나 자신이 고유하게 책임져야 할 독특한 삶의 계획과 전망들을 확인하고 또 그것들의 실현을 위해 충실하게 살아가는 것은 나의 인생은 다른 이들과의 관계에서 또 하나님과의 관계에서 볼 때 다른 이들 보다 더 큰 가치가 있는 것처럼 믿고 행동해도 된다는 어떤 권한이 나에게 주어졌다는 것을 의미하는 것이 아님을 유념해야 한다. 하나님을 믿고 사는 의미는 하나님을 믿는 나에게나 같은 하나님을 믿는 다른 모든 이들에게 다르지 않다는 점을 인정해야 한다.

게으름은 어떤가? 하나님을 믿고 사는 것은 오직 나의 이웃들에게만 의미가 있기에 나 자신에게 고유한 삶을 존중하며 산다는 것은 큰 의미가 없다고 생각하고 또 나에게만 독특하게 주어진 존재의 양식은 무시해야 한다는 신념에 이르게 하는 게으름의 죄 역시 믿음의 부재로부터 온 것이다. 게으름에 빠져서는 안 된다. 오히려 나는 적극적으로 나의 소명을 확인해야 하고 또 다른 사람들이 얼마든지 나 자신에게 고유한 삶을 대신할 수 있다는 생각에 저항해야 한다. 나 자신의 순종의 삶에서 나 자신의 에너지를 흩어 씀으로써 나의 삶의 방식이 끊임없이 지향점을 상실하고 산만한 것으로 나타난다면, 다른 이들에 대한 나의 관심은 (나로 하여금 게으름의 죄에 빠지게 하는) 분명히 실제적인 유혹이 될 것

---

112) 이러한 유혹들(그리고 그에 따른 실패들)은 믿음의 부재에 그 뿌리가 있다는 것은 켈시(David Kelsey)가 필자에게 제시해준 가능성이다. 물론 어떤 실패들인가에 대해서는 서로 생각의 차이가 있다. 그의 제안에 대해 발전시킨 부분에 대한 책임은 그에게 있지 않고 필자에게 있다. 어쨌든 필자는 그의 도움에 감사한다.

이다.

그러므로 우리는 교만과 게으름이 얼마든지 우리를 유혹할 수 있다는 인식과 '모든 인간의 존엄성'은 나의 이웃 뿐 아니라 나 자신에게도 적용된다는 결론을 연관시킬 수 있다. 이 결론을 견지하기 위해 잘못된 방향으로 전개될 수 있는 두 가지 경우를 경계해야 하며 또 그와 함께 불편부당성을 평가해 보아야 한다. 한편으로, 나 자신을 비정상적으로 주장하려는 유혹을 받을 수 있다는 것은 나로 하여금 불편부당성과 관련된 많은 관심 사항들을 우호적으로 바라보게 한다. 예를 들어 '역할 전도 테스트'(role reversal test)는 포괄적 기준으로 작용하기에는 약점이 존재함에도 불구하고, 필자가 신뢰하는 장치이다.[113] 내가 기꺼이 다른 사람의 입장에 서려고 할 때(완전하게 그렇게 할 수도 또 해야만 하는 것도 아닐지라도) 나는 나의 교만으로부터 오는 합리화를 더 경계하게 되며 또 인간이라면 다 갖고 있는 공통적인 특징을 더 존중하게 만든다. 다른 한편으로, 다른 이들의 다양하고 상반된 요구를 들어 주다가 나 자신이 방향을 잃게 되는 유혹이 늘 있을 수 있다는 사실을 인지하면서 나는 불편부당성에 내포될 수 있는 규범적 명령으로서의 비인격화의 압력(impersonalizing pressures)에 저항하게 된다.[114] 나는 인간이 공통적으로 갖는 특징들 뿐 아니라 나 자신의 소명의 독특성도 존중해야 한다.

---

113) Henry Sidgwick, *The Methods of Ethics* (London: Macmillan, 1963), 379-80, 379-80; Marcus G. Singer, *Generalization in Ethics* (New York: Knopf, 1961), 15-17; Singer, "The Golden Rule," *Philosophy* 38 (October, 1963), 293-314; Singer, "Golden Rule," in *The Encyclopedia of Philosophy*, vol. 3, Paul Edwards, ed. (New York: Oxford University Press, 1965), 85-125, 155-85; Hare, "Abortion and the Golden Rule," *Philosophy and Public Affairs* 4 (1975), 201-22; Hare, Essays in Ethical Theory (Oxford: Clarendon Press, 1989), 144, 191-211, 248; J. L. Mackie, *Ethics: Inventing Right and Wrong*, 83-102; Alan Gewirth, *Reason and Morality*, 169-71; Gewirth, "The Golden Rule Rationalized," in *Human Rights: Essays on Justification and Application* (Chicago: University of Chicago Press, 1982), 128-42; Alan Donagan, *The Theory of Morality*, 58-59; Alasdair MacIntyre, *Against the Self-Images of the Age* (Notre Dame: University of Notre Dame Press, 1978), 96-108; Nelson T. Potter and Mark Timmons, eds., *Morality and Universality: Essays on Ethical Universalizability* (Dordrecht: Reidel, 1985).

114) Thomas Nagel, *Mortal Questions*, 126.

4) 불편부당성의 옹호자들과 성인들

마지막으로 필자는 버즈아이 여사에 대해 생각해 온 바에 근거하여 불편부당성의 비판가들이 제시하는 두 방향의 주장을 평가하려고 한다. 앞에서 살펴본 대로, 불편부당성의 비판가들은 만일 내가 나 자신의 삶을 영위하려 한다면 나는 나의 삶에 의미를 주고 또 나의 개인적 통전성에 본질적으로 중요한 삶의 계획들과 소명들을 가져야 한다고 주장한다. 불편부당성은 이러한 것을 해친다고 보는 것이다.

우리가 본 대로, '의지적 순종'의 삶에 대한 관심은 개인의 독특성에 대한 존중을 내포한다. 상상 속에서 다른 사람들과 동일시하는 것과 이웃과의 동일시가 너무 완전할 때 자아와 타자 사이의 경계 곧 나의 독특성을 규범적으로 존중하는 것으로부터 나오는 바로서의 어떤 경계가 허물어지는 것, 이 둘은 완전히 다른 문제이다. 그러한 독특성에 대한 관심은 나의 삶을 외형적 측면에서만 바라보는 것에 저항한다. 나의 삶의 계획들과 소명들을 비인격적으로 또 외형적으로 설정하는 것을 통해서만 그것들을 이해하고 또 실천에 옮기는 방식을 결정해서는 안 된다.

하지만 비판가들이 얼마만큼 불편부당성과 관련된 관심사항들을 배제할 수 있는지는 불확실한데, 그러한 관심사항들은 교만을 비정상적인 자기주장이라고 보는 시각과 연관된다. 예를 들어, 그들은 상상 속에서 다른 이들과 동일시하는 것 곧 다른 이들과 자기 자신의 가치를 동등하게 인식하는 것까지도 완전히 거부하는가(그러한 동일시가 완전할 필요는 없다고 사람들이 동의하는데도 말이다)? 앞에서 밝힌 대로, 나 자신의 많은 계획들과 헌신들에는 다른 이들을 배려하는 내용이 담겨 있을 수 있다는 점을 비판가들도 인정한다. 그러한 내용이 왜 혹은 어떤 의미에서 필요한 것이어야 하는지에 대한 물음은 또 다른 질문이 될 것이라는 점을 지적하면서, 여기서 묻고자 하는 질문이 있다. 그러한 타자 배려의 내용이 필요한 것이 아니라면, 어떻게 칭찬 받을 만한 인생의 계획들과 그렇지 못한 경우들을 구별할 수 있겠는가? 우리 인생을 영위해 가는 데 필요한 것에 대해 이야기하는 것은 그 자체로 보아 우리가 감당할 수 없을 만큼 무한정한 과업이 될 수 있다. 사람마다 다르고 사람마다 그에게만 고유한 무언가가 있다는 것을 전제하기에, 무한정하게 많은 '필요한 것과 연관된 이야기들'을 찾을 수 있게 될 것이다. 이런 맥락에서 로마의 폭군 칼리굴라 황제나 스탈린도 결국 자기만의 고유한 삶을 살아간 '특별한 어떤 사람'으로 보일 수 있다.[115] 이러한 인물들을 반증법적(反證法的)으로(reductio ad absurdam 〈레둑티오 아 드 아브수르담〉) 사용할 수 있을 것이다. 다시 말해, 특별히 자기 자신의 계획과 목적을 추구하며 자신의 삶을 영위해 가는 데 꼭 필요한 것들(여기에는 타자 배려적 내용이 포함된다)이 어떻게 자기몰입이나 과다한 자기 포장을 방지하는지를 고찰하고 또 설명하는 데 도움이 될 수 있다는 말이다. 그렇게 자기몰입과 과다한 자기 포장을 방지할 수 있는 근거 한 가지를 찾는다면, 다시 한 번 말하지만 역할 전도 테스트가 될 것이다. 앞에서 본 대로 불편부당성을 옹호하는 사람들이나 비판하는 사람들 모두가 받아들이고 있다. 이렇듯 어떤 일관성에 호소함으로써 규범적인 구속력을 확보할 수 있는데, 이에 관해서는 굳이 어떤 실증적인 윤리 이론으로 입증되고 또 뒷받침되지 않아도 된다. 다만 우리가 이 역할 전도 테스트를 자기 편애를 비판하는 데 사용할 때 어떻게 이것이 규범적 구속력을 갖는지 이론적으로 좀 더 심도 있게 살펴 볼 필요가 있다는 점과 불편부당성의 비판가들은 그들 스스로 이 테스트를 받아들이면서 이 테스트가 제시하는 본질적인 구성요건들(혹은 제한 사항들)이 무엇인지 구체적으로 또 상세하게 밝힐 필요가 있다는 점을 지적해 두고자 한다.

비판가들이 제시하는 두 번째 전개의 방향은 다른 이들을 배려하다가 소홀히 할 수 있는 개인의 도덕적 성숙과 개인의 행복에 관한 이상들을 강조하는 것이다. 여기서 '도덕적 성인'은 너무나 선하고 공격적이지 않고 유머가 없으며 또 너무나 단조롭기 때문에, 닮고자 하는 바람직한 대상이 될 수 없다. 이러한 인물상은 신중심적 틀 안에서도 비판 받을 수 있다. 그러한 비판의 근거는 두 가

---

115) 이 어려움들에 대한 필자의 인식은 펀(Richard Fern)과의 대화를 통해 더 강화되었다.

지다.

첫째, 자발적인 복종의 삶은 도덕적인 탁월함 외에 다른 많은 인간적 장점들을 내포한다. 왜냐하면 복종의 대상이 되는 하나님은 여기서 의미하는 도덕의 세계 보다 헤아릴 수 없을 정도로 풍성한 분이시기 때문이다. 아담스(Robert Merrihew Adams)는 주장하기를, 하나님은 "도덕적 삶을 지배하시는 분이실 뿐 아니라 아름다움을 사랑하시는 분이시기에" 우리의 삶을 하나님께 바치는 것은 "치열하게 예술적 탁월함을 추구하는 것을 포함하는데, 좁은 의미에서 도덕적 삶을 향상시키기 위해 최선을 다하는 것이 가져다 줄 수 없는 것을 예술적 추구가 해낼 수 있다는 의미에서 그렇다(아담스가 예로 들 사람은 요한 세바스챤 바하〈Johann Sebastian Bach〉와 프라 안젤리코〈Fra Angelico〉이다).[116] 좀 더 일반적으로 말하자면, 유대교와 기독교 전통에서 하나님께 불가분하게 책임적이어야 하는 바로서의 인격이라는 개념은 현대의 많은 논의들을 특징짓는 종교와 도덕 사이의 구분을 허용하지 않는다.[117]

둘째, 우리가 사랑의 이중 계명의 첫 번째 부분을 언급할 때 도덕의 한계를 분명히 인정해야 한다. 하나님께 향한 온 마음을 다한 헌신은 하나님 앞에서 우리를 겸손하게 만든다. 그러나 우리가 만일 이러한 겸손과 다른 이들 앞에서의 자기부정(self-abnegation)을 혼동한다면 매우 잘못된 것이다.[118] 하나님 앞에서의 겸손은 인간의 죄악됨에 대한 부정과 함께 가는 것이다. "겸손은 정확한 자기 평가에 대한 진실된 요구를 뛰어 넘는 덕목으로서 특별히 기독교의 덕들 가운데 하나로 여겨지는데, 왜냐하면 이는 하나님께 대한 복종을 포함하기 때문이다. 세속적 정황에서는 다른 사람들과 그들의 계획에 대한 순응을 의미할 수 있

---

116) Robert Merrihew Adams, *The Virtue of Faith and Other Essays on Philosophical Theology* (New York: Oxford University Press, 1987), 170, 172.
117) 이 점은 거스탑슨이 다음의 논문에서 두드러지게 피력했다. James M. Gustafson, "Religion and Morality from the Perspective of Theology," in *Religion and Morality*, Gene Outka and John P. Reeder, Jr., eds. (Garden City, N.Y.: Doubleday Anchor, 1973), 125-154.
118) H. Richard Niebuhr in *Christ and Culture* (New York: Harper, 1956), 25-27.

다."[119] (하나님께 하듯) 혼신을 다한 헌신을 도덕적 삶을 위해 쏟아 붓는다면 이 또한 잘못된 것이라 볼 수 있다. 그렇게 하는 것은 우상 숭배의 한 형태가 될 수 있기 때문이다.[120] 미첼(Basil Mitchell)은 영국의 빅토리아 여왕 시대를 이러한 잘못된 헌신의 예로 보았다. "빅토리아 시대 사람들은 도덕을 우상화했다. 도덕에 최고의 가치를 부여하게 되면서, 하나님께는 점점 더 그렇게 할 수 없게 되었다."[121] 버즈아이 여사의 삶은 빅토리아 시대의 사람들과 유사한 것 같다. 그녀와 테레사 수녀 사이의 차이는 다른 이들을 위해 그들이 쏟은 시간이나 에너지의 양에 있지 않고, 그들의 갖고 있는 가장 근본적인 애착관계에 있다 하겠다. 그러한 애착 관계는 무엇보다도 기도의 삶의 유무에 따라 양상이 달라지는 성격의 것이다.

이러한 두 가지 비판의 근거로부터 우리는 또 한 가지를 묻게 되는데, 도덕적 성인이라는 개념은 그 자체로 잘못 잡혀진 개념이 아니냐 하는 것이다. 아담스는 이 개념이 종교인들이 보통 성인들에게 대해 갖고 있는 생각과 상응하여 이해하는 데 실패하고 있다고 주장한다. 성인들은 단순히 착하기만 한 것이 아니라 사려가 깊으며, 무조건 순응적이라기보다 활발한 토론을 좋아하며, 유머와 거리가 멀기보다 즐길 줄 알고, 또 밋밋하기 보다는 매력적이라는 것이다. 그들의 매력은 거룩함에서 오며 그 거룩함은 상당한 정도로 하나님의 임재로부터 오는 어떤 카리스마나 힘에 근거한다. 그들은 인색하지 않게 자신의 것을 내어 줄 줄 알며, 이에 더하여 "자기 자신의 삶의 조건, 성숙, 그리고 행복"[122]에 대해서도 강렬하고도 솔직한 관심을 갖고 있다. 자기 자신을 내어줌이나 자기 자신의 유익을 추구하는 것 모두 "그들의 성숙과 행복을 위해 공급하시는 하나님에 대한 신뢰"에 기반하고 있다.[123]

---

119) Williams, "A Critique of Utilitarianism," 117.
120) Adams, *The Virtue of Faith*, 172.
121) Mitchell, *Morality: Religious and Secular*, 161.
122) Adams, *The Virtue of Faith*, 169.
123) *Ibid*.

이러한 성인에 대한 이해는 필자가 신중심적 틀 안에서 설명하고자 하는 '의지적 순종'이라는 개념과 부합된다. 하나님을 사랑할 때 고유한 정체성은 사라지는 것이 아니라 더 확실해지며, 자기 자신에 대한 인식은 산만해지기 보다 더 초점을 맞추게 된다. 이런 식으로 잘 산 인생은 분명히 도덕적인 가치의 실현뿐 아니라 다른 가치들의 실현도 내포하게 되며, 그러한 삶에는 무미건조한 낙관주의가 가져다주는 기쁨보다 더 심오한 기쁨이 있게 될 것이다. 하나님을 사랑하는 것은 우리 삶의 계획들과 목적들에 영향을 미치며 특히 그것들의 범위를 정하는 데 중요한 역할을 하게 된다. 하나님을 사랑하는 것은 단순히 도덕적인 계획들과 목적들에만 영향을 미치는 것이 아니다.

여기서 울프의 이야기를 상기해 보는 것도 의미 있겠다. 그녀가 소개한 보기들은 허울만 그럴듯한 어떤 한 종류의 자유주의적 개인주의를 가리키는데, 이 개인주의는 사람들이 어떤 삶을 추구하든 곧 그것이 단순함을 소중하게 여기며 사는 삶이든 아니면 강렬한 소유욕에 사로잡혀 사는 삶이든 상관없이, 모든 형태의 삶의 추구를 차별 없이 받아들인다.[124] 그러나 도덕적인 가치가 아닌 가치들은 도덕적인 가치들과 순환적(circuit) 관계에 있음을 알아야 한다. 더 나아가, 자아와 타자 사이의 긴장(갈등)의 중요성은, 달리 말해, 개인의 삶의 영역을 뛰어넘은 도덕적 요구들이 개인의 삶에 의미를 주는 계획들과 헌신들과 충돌할 때 전자가 늘 후자를 우선하도록 하는 것이 합당한지 아닌지에 대한 논의의 중요성은, 아담스가 기술하는 대로 성인들에게는 어찌 보면 당연한 것이기에 주목받을 만한 주제가 되지 못한다. 한편으로, 성인들이 맺고 있는 하나님과의 관계성이 그들의 삶에 의미를 부여한다는 것은 그들에게 너무나도 자명한 것이기에, 그러한 의미에 대해 묻는 것 자체가 절실하지 않은 과제가 된다. 자신들의 주장을 관철하기 위해 노심초사해야 할 이유가 없는 것이다. 다른 한편으로, 그들은 하나님과의 관계성을 필연적으로 이웃 사랑과 연결하는 공동체 안에서 인식한다. 현대의 성찰에서 도덕적 가치들과 도덕적 가치가 아닌 가치들은 처음부터 긴밀히

---

124) 여기서 필자의 비평은 오리건(Cyril O' Regan)과의 대화로부터 큰 도움을 얻었다.

연관되어 있다. 이웃을 참으로 사랑하는 성인들은 울프의 도덕적 성인들이 보여주는 엄격한 기부자로서의 자세를 보이지 않는다. 그러나 그들은 자유로이 다른 이들의 고유한 삶에 대해 관심을 갖게 되어 있으며 또 같은 이유로 그들은 자신의 삶에 대해서 정성을 다한다.

6. 내가 나 아닌 다른 사람들을 위해서 할 수 있는 바는 내가 나 자신을 위해서 할 수 있는 바와 불가피하게 다른가?

1) 순전한 능력들(sheer capabilities)

이제 불편부당성이 갖는 약점을 밝히는 네 번째 반대(비판의 두 번째 짝의 두 번째 반대)를 살필 것인데, 이 반대의 요점은 합당한 자기 배려에 대한 숙고들이 갖는 고유한 가치를 인정하려 하지 않는다는 것이다. 이 비판은 주로 서술적인 것이다. 불편부당성은 나 자신에 대한 관계(자아·자아 관계)와 나와 다른 이들 사이의 관계(자아·타자 관계) 사이에 존재하는 구조적이며 정형화된 차이를 인정하려 하지 않는다는 것이다.

이러한 차이에 대한 칸트의 진술은 필자가 고려하고자 하는 바들에 대한 논의를 시작하는데 유용하다. 앞으로 보겠지만, 이 진술에 대한 온건한 해석적 입장이 받아들여질 만하다. 칸트가 그의 책 『덕의 이론』에서 기술한 바는 이러한 차이를 선명하게 기술하는 데 장점이 있다.

타인의 완성을 나의 목적으로 삼고 또 그것을 증진해야 하는 의무가 나에게 있다고 생각한다고 말하는 것은 모순적인 것이다. 개별 인격으로서의 타인의 완성은 그의 목적을 자신에게 고유한 의무 개념에 따라 채택하게 하는 자신의 능력에 달려있음은 명백하다. 그리고 오직 그 타인이 할 수 있는 것을 내가 해야

한다고 (나의 의무로 삼아야 한다고) 요구하는 것은 자기 모순적이다.[125]

초점이 '할 수 있다'에 있고 '해야 한다'에 있지 않음을 주목하라.[126] 칸트가 생각하는 바는 필자가 보기에 다음과 같다. 우리는 우리 자신 안에서 행복과 완성을 추구해 가지만, 다른 이들도 같은 식으로 추구하라고 요구해서는 안 된다. 그렇게 하는 것은 불가능하다. 대신 나는 나 자신의 자연적인 그리고 도덕적인 완성을 추구할 의무가 있지만, 나의 행복은 내가 본능적으로 그것을 바라기에 의무가 되는 것은 아니다. 내가 다른 이들의 완성을 추구하는 것은 나의 의무라고 말한다면 나는 자기모순에 빠지게 될 것인데, 왜냐하면 각 행위자의 완성은, 거듭 말하지만, 본성적으로 각자의 자유의 산물이기 때문이다. 그래서 나 자신의 경우에, "다른 사람이 나에게 그의 목적을 이루는 데 수단이 되는 어떤 행위를 강요할 수 있지만, 내가 *어떤 목적을 갖도록* 강요할 수는 없다. 오직 나 자신만이 그 어떤 것을 나의 목적으로 삼을 수 있다."[127]

나는 본능적으로 나 자신의 행복을 추구하게 된다고 주장하는 것은 누가 나 자신을 사랑하라고 격려하지 않아도 그렇게 된다고 주장하는 것과 유사하다. 이 두 가지 주장은 모두 나에게 나 자신의 행복을 추구하라고 명령하는 것이 *불필요한 것*이라는 점에 동의한다. 그러나 칸트는 나 자신의 행복을 추구하는 것은 *부패한* 것이며 적어도 언제나 잠재적으로 부패하게 만드는 것이라는 주장에 대해서는 분명히 거부한다.[128] 그러한 추구는 도덕적으로 허용할 수 있는 목적이며 간접적인 의무라고까지 볼 수 있다.[129] 칸트가 경멸하는 것은 자기 자신에 대한 편애인데, 이 편애가 자기 자신의 유익을 위해 임의적으로 예외 사항을 만들

---

125) Immanuel Kant, *The Doctrine of Virtue* (Part II of The Metaphysic of Morals), Mary J. Gregor, trans. (New York: Harper, 1964), 44-45.
126) 필자는 『아가페』(*Agape: An Ethical Analysis*, 305)에서는 이 구분을 충분히 감지하지 못했다. 이것을 간과한 것에 대해 로(Ping-cheung-Ro)가 일깨워주었다.
127) Kant, *The Doctrine of Virtue*, 38.
128) Allen W. Wood, *Kant's Moral Religion* (Ithaca: Cornell University Press, 1970), 56.
129) Mary J. Gregor, *Laws of Freedom* (New York: Barnes & Noble, 1963), 90, 176-79.

려 할 때는 언제든지 경멸의 대상이 된다고 보는 것이다. 그러나 자기 편애는 바로 앞에서 인용한 문장에서 칸트가 말하고자 했던 바는 아니다. 또 다른 하나의 불균형이 이 인용문에 나타난다. 자아·자아 관계와 자아·타자 관계 사이에 구조적인 차이들이 존재하며, 이러한 차이들은 내가 문제가 될 만큼 나 자신에 대해 편애를 나타내지 않는다 해도 존재한다. 이러한 차이들은 일반화 테스트를 통과할 수 있는데, 왜냐하면 *그 어떤* 행위자나 그 행위자의 대상이 *누구이든*, (이러한 구조적) 비유사성은 모두에게 공히 적용할 수 있는 것이기 때문이다.[130] 그러므로 임의적이라고 비판할 수 없다는 말이다.

    구조적 차이에 대한 주장은 그러므로 순전한 능력들과 관계가 있다. 우리가 다른 이들에게 *일으킬 수 있는* 변화들은 나 자신에게 일으킬 수 있는 변화들에 비하면 좀 더 제한되어 있다. 그것들이 이루어져야 할 것들이라면, 그 변화들은 우리가 우리 자신을 위해서 할 수 있는 어떤 것들이다. 이 (구조적 차이에 대한) 주장과, 보호(protection)와 증진(promotion)이 각각 모든 인간을 대상으로 할 때 무엇을 내포하는 지에 대해 우리가 갖게 되는 좀 더 일반적인 가정들을 구별하는 것은 매우 중요하다. 이러한 가정들은 '할 수 있음'에 초점이 있다기보다는 '해야 함'에 그 초점이 있다. '보호'는 다른 이들에게 피해를 끼치는 것에 대한 부정적인 제한들을 내포하며, 여기서 피해는 다른 이들을 단순한 도구나 방편으로 여기는 것으로 이해할 수 있다. 모든 개인은 그 어느 누구도 침해할 수 없는 고유한 영역을 차지하고 있는 존재로 보아야 한다. 한 사람이 다른 사람에게 할 수 있는 것에 관해서 어떤 직접적이면서 또 독립적인 제한 사항이 설정되어야 한다. 모든 행위의 대상자들은 일종의 거부권을 부여받아야 한다. '증진'은 모든 개인의 복지를 적극적으로 개발하는 것을 내포한다. 오랫동안 존중되어 온 것으로서 선한 결과가 있게 하기 위해 악을 행해서는 안 된다는 원리는 사람들의 복지를 개발하기 위해 행하는 바들을 도덕적으로 허용할 수 있는 선에서 제한한다. 이러한 제한과는 별도로, 도움의 손길은 어떤 개인이 행하는 바들에

---

130) Outka, *Agape: An Ethical Analysis*, 302.

대해서 뿐 아니라 (외생적으로) 그에게 발생하는 일들에도 미칠 수 있다. 이러한 일반적인 가정들은 '실현가능한 것' 이라는 범주에 속한다. 한 사람이 다른 사람들에게 행할 수 있는 바에 대해 어떤 직접적이고도 독립적인 제한 사항을 설정하는 것이 필요하다고 주장하는 것은 그 제한 사항은 *넘어설 수도 있다는 점*을 가정한다. 사람들의 복지를 개발하기 위해 힘쓰는 것을 긍정적으로 평가하는 것은 행위의 대상자들이 유익을 *얻을 수 있다*는 것을 가정한다.

구조적 차이에 대한 이러한 주장은 칸트의 견해와 맞닿아 있는데, 특별히 모든 인간은 자유롭게 선택하고 행동할 수 있는 능력이 있다는 견해와 이러한 자유로운 행위는 도덕적 선을 결정하는 필수불가결한 조건이라는 견해 등을 생각해 볼 수 있다. 달리 말해, 한 개인이 도덕적 행위자가 되는 능력은 서술적인 차원에서(descriptively) 우리가 갖고 있는 인격 개념에 '근본적인' 것이다. 그렇지 않다면, 우리는 사람들을 칭찬하거나 비난할 수 없을 것이다. 그러한 능력은 칭찬이든 비난이든 우리의 평가를 위해 필수적인 조건이다. *나의* 자유를 행사함으로써 타자의 도덕적 선을 이룰 수 없다. 그러므로 나는 *타자*의 도덕적 선을 이루어야 한다는 그 어떤 의무도 가질 수 없는데, 왜냐하면 나는 타자를 위해 그의 목적들을 *채택*할 수 없으며 또 타자의 도덕적 선을 성취할 수 없기 때문이다. 내가 타자를 위해 할 수 있는 바를 소중히 여기지만, 불가피하게 내가 그를 위해 할 수 바는 제한될 수밖에 없다. 다시 말해, 타자를 위해 내가 할 수 있는 바에 제한 사항이 설정되어야 한다. 대신 나는 오직 나만이 나 자신의 목적들을 채택할 수 있으며 나의 자유를 행사함으로써 나의 도덕적 선을 성취할 수 있다.

이 주장을 받아들이기 위해, 칸트가 자기 자신의 완성과 타자의 행복을 엄격하게 구분했던 것과 같이, 우리도 그렇게 할 필요는 없다는 것을 기억하는 것은 중요하다. 칸트를 해석함에 있어, 가장 우호적인 해석가들 가운데 한 사람인 우드(Allen W. Wood)조차도 이 구분을 비판하는데, 이에 관해서 칸트는 너무나 엄격하며 또 다른 곳에서 칸트 자신이 말한 것과도 양립할 수 없다는 까닭에서다. 우드에 따르면, 칸트가 일반적으로 확신했던 바는 우리가 다른 이들의 도덕적 성숙을 위해 그들을 도울 수 있으며, 그래서 우리는 적절한 선에서 그들의 도덕적 완성의 과정에 참여할 수 있다는 것이다. 우리가 다른 이들의 도덕적 인격 형성에 영향을 미칠 수 있는 길들은 매우 다양하고 풍성하다. 우드가 제시하는 목록에는 격려, 본보기, 훈련, 교육, 그리고 사회적 향상 등이 있다.[131] 그러나 우드도 이러한 영향의 요인들이 아무리 중요하다 해도 불가피하게 설정되어야 하는 제한 사항들의 가치를 무효화하지는 말아야 한다는 점을 분명히 인정한다. 그러한 제한 사항이 없거나 무효화되어 어떤 행위자의 인격 형성이 다른 이들의 개입에 의해 좌지우지될 수밖에 없다면, 그 행위자는 더 이상 하나의 도덕적 주체(그의 행동들이 그 사람 자신에게 돌려진다는 의미에서의 주체)라 할 수 없을 것이다.

2) 신중심적 평가

구조적 차이들에 관한 주장을 신중심적 설명과 평가의 틀 안에서 어떻게 볼 것인가? 간단하게 대답할 수는 없을 것인데, 논의의 토대를 구축하는 데 필요한 특수한 신학적 고려 사항들이 있기 때문이다. 초점은 불가피하게 도덕적 완성에서 구원으로 옮아간다. 하나님을 기다리고 하나님의 선행적 역사를 바라는 것이 출발점이 된다. 나 자신의 노력이 나 자신도 그리고 나의 이웃도 구원할 수 없다는 점을 분명히 하게 된다. 이러한 구원에 관한 무능력은 우리가 불균형성에 대해 부여했던 중요성을 상당한 수준으로 상대화한다. 더욱이 모든 행위자의 도덕적 완성은 필연적으로 자신의 자유의 행사의 결과라고 말하는 것은 펠라기우스적이라는 평가를 받기에 충분하다. 그리하여 우리가 앞에서 살핀 불가피한 제한 사항보다 더 엄격한 제한들을 생각하게 한다. 바르트는 기독교 공동체가 따라 살아야 하는 이러한 엄격한 제한 사항들에 대해 분명히 밝힌다.

기독교 공동체는 세상을 구원할 수 없다. 단 한 사람도 그 사람을 죄와 죄

---

131) Wood, *Kant's Moral Religion*, 76.

의 결과에 노예가 되어 사는 상태에서 구원할 수 없다. 기독교 공동체 안에서도 다른 사람을 구원할 수 없음은 당연하다.... 사람들이 요청하는 바는 성령의 자유이다. 이것은 기독교 공동체가 줄 수 없는 것이다. 단지 그들에게 선포할 수 있을 뿐인데, 기독교 공동체의 증언이 허무하게 어떤 결과 없이 끝나지 않을 것이라는 희망과, 또 하나님이 그 증언을 사용하셔서 그들에게 드러나시며 그들에게 (그 증언을) 유효한 것으로 만드실 것이라는 희망으로 그렇게 할 수 있는 것뿐이다.[132]

그러나 기독교 공동체 역시 그 증언을 전하라고 부름 받았을 뿐 아니라 바로 그 증언으로 사는 공동체인데, "하나님의 긍정이 가져다주는 위로와 권고를 들을 수 있기를 바라게 된다."[133] 우리는 우리 자신의 수준에서 그리고 우리의 능력이 허락하는 한에서 이 하나님의 긍정을 증거하고 또 받아들이며 살아야 한다. 여기서 '우리'는 매우 중요하다. 이 명령은 그 자체로 공동체적인데, 두 세 사람이 주의 이름으로 모이는 곳에 주께서 임하실 것이기 때문이다. 그러므로 우리는 사회적 측면을 강조해야 할 이유 그리고 칸트의 구분이 가정하는 바라고 많은 사람들이 믿고 있는 대로의 극단적 개인주의를 거부해야 할 이유는 충분하다. 적어도 우리가 우리의 행동을 형성하고 설명하기 위해 채택하는 믿음이나 신념들을 완전히 새롭게 창조할 수 없다는 점은 분명히 인정해야 한다. 우리는 자연스럽게 언어와 전통을 앞 세대로부터 이어 받는다. 철학적으로 우리는 후기의 비트겐쉬타인(Ludwig Wittgenstein)이 제시한 바와 같이, 어떤 주어진 개념을 이해하기 위한 조건들은 어떤 공적인 혹은 사회적인 배경을 전제하며 또 그와 연관된 자기 인식은 다른 이들과의 만남 없이 이루어질 수 없다는 점을 수용해야 할 것이다. 내가 다른 이들과 만나 이루는 관계는 나 자신을 이해하는 데

---

132) Barth, *Church Dogmatics*, III/4, 502-3.
133) *Ibid.*, 508.

필수적이다.[134] 우리는 자존적(自存的)인 존재 곧 공존이나 환경에 전혀 영향을 받지 않으면서 독립적으로 존재하는 어떤 완전한 존재가 아니다. 요컨대, 우리는 서로 서로에게 영향을 주고받으며 또 서로 도우며 살아간다. 또한 칸트의 구분과 그것이 내포하는 극단의 자율 교리가 암시하는 바와 다르게 훨씬 더 광범위하게 인격적인 그리고 사회적인 관계들을 중요하게 여겨야 할 것이다.

우리가 이미 살핀 대로, 우드는 칸트의 자율 교리를 수정하지만 그렇다고 불가피하게 설정해야 할 제한 사항에 대한 주장을 버리지는 않는다. 이러한 주장은 기독교 전통 안에서도 유사한 방식으로 견지될 수 있는가? 주요한 기독교의 전통적 흐름들에서 우리는 역설적인 입장을 발견한다. 한편으로, 앞에서 살핀 제한 사항에 대한 주장이 두 가지 방식으로 *상대화되*는 것을 볼 것이다. 한편으로, 도덕적 성숙이 아니라 구원에 초점을 맞출 때 나 자신과 내 이웃의 차이는 그 중요도에서 상대화된다. 그리고 공동체에 대한 강조는 이러한 상대화를 지지하고 또 강화한다. 다른 한편으로, 개별적 자아와 하나님과의 관계가 고유한 것이며 또 그 자아의 순례의 삶의 궁극적 목적으로 확정되는 지점이 어디든 거기에서 이 제한은 *강화된다*. 자아는 단순한 사회적 영향들의 부산물 이상이라고 말하는 것으로 이제 충분치 않다. 여기서 우리가 분명하게 주장해야 할 것이 있는데, 그것은 자아와 하나님과의 관계는 어떤 종류의 사회적 영향들과 바꿀 수 없는 것(incommensurable)이라는 것이다. 칸트의 추종자들이 주장하는 것처럼, 어떤 행위자에게 어떤 목적을 가지라고 강요하는 것에서 발견하는 자기모순은 단지 논리적 혹은 개념적 문제라고 주장하는 것 역시 여기서는 충분치 못하다. 우리는 종교적 혹은 신학적으로 모든 개인은 질적인 측면에서 *고유한 존재라고* 주장해야 한다.

그리하여 종교적 혹은 신학적 진술은 우리가 앞에서 검토한 불균형성을 강화할 것이다. 우리의 하나님 사랑은 은혜의 역사에 따른 것임에도 불구하고,

---

134) Gene Outka, "Character, Vision, and Narrative," *Religious Studies Review* (April, 1980), 111-12.

그 사랑은 전적으로 수동적 필연성에 의해 일어나지 않는다. 각 개인이 해야 하는 것들이 있다. 예를 들어, 우드가 언급한 방식들로 다른 이가 나에게 증언하고 또 나에게 영향을 미치기 위해 힘쓸 수 있다. 증언, 상호 지지와 돌봄, 권고, 충고 등등, 이 모든 것들은 기독교 공동체의 삶에 있어 본질적인 것들이다. 그러나 다른 이는 조금의 여지를 남기지 않고 철저하게 그 사람이 믿는 바를 나에게 전이할 수는 없다. 만일 그러한 전이가 가능하다면, 우리는 순전한 신앙은 강요된 것이 아니어야 한다는 가르침을 버려야 할 것이다. 이 가르침은 기독교 전통에서 오랫동안 중심적 위치를 차지하고 있다. 루터는 말한다. "그 어느 누구도 나를 대신하여 천국이나 지옥에 갈 수 없는 것처럼, 어느 누구도 나를 대신하여 믿거나 혹은 불신앙의 삶을 살 수 없는 것이다. 아무도 나에게 천국이나 지옥을 향한 문을 열어 줄 수 없는 것처럼, 아무도 나를 신앙 혹은 불신앙으로 몰아갈 수는 없다."[135] 누군가 하나님을 진심으로 사랑한다면, 하나님은 그 사람의 의지에 거슬러 그로부터 자취를 감추시지는 않을 것이다. 나에게는 내 이웃의 동의 없이 그 사람을 지옥으로 이끌어갈 권한이 없다. 내 이웃도 나에게 그렇게 할 수 없다. 개인들은 각각의 정체성의 있어 개별적이며, 우리가 지옥이 지속되는 것이라고 믿는다면 각각의 최종적인 운명에 있어서도 그렇다. 그리하여 각 개인은 어느 누구도 대신할 수 없고 바꿀 수 없는 순례의 여정을 갖게 된다.

3) 두 가지 결과들: 충성을 다하고 칭찬하기 그리고 '도덕행위자로서의 주체성'

사랑의 법을 해석함에 있어 지속적으로 감당해야 할 과제는 한편으로 이 불균형성이 남기는 결과들을 명확하게 진술하는 것이며 다른 한편으로 불균형성이 행사하는 역할을 과장하지 않는 것이다. 이러한 과제는 결코 쉬운 것이 아닌데, 특별히 기독교 전통 안에 존재하는 모순적 입장을 찾게 될 때 더욱 그렇

---

[135] Martin Luther, "Temporal Authority: To What Extent It Should Be Obeyed, in *Luther: Selected Political Writings*, J. M. Porter, ed. and J. J. Schindel, trans. (Philadelphia: Fortress Press, 1974), 61.

다. 필자는 이제 이 두 가지 결과를 명확하게 진술하려 하며 또 두 가지 과장적 시도들(inflationary moves)을 밝히려 한다.

첫 번째 결과는 하나님에 대한 사랑에 관한 것이다. 각각의 행위자 자신의 하나님에 대한 사랑은 그 행위자가 자신의 이웃이 하나님을 사랑하도록 돕기 위해 감당하는 역할과 분명히 차이가 있다. 오도노반(Oliver O' Donovan)은 이 차이에 관한 어거스틴의 이해를 다음과 같이 적고 있다.

.... 이 사람이 자신의 이웃에게 갖는 사랑은 자신에게 갖는 사랑과 같지 않다. 왜냐하면 행위의 목적이 지고의 선에 충성을 다하는 것이기 때문인데, 이는 오직 내가 스스로 할 수 있는 것이다. 이 사람이 스스로를 위해 하는 이러한 '충성을 다함' 과 다른 이웃을 위해 하는 '칭찬' 사이에 불균형이 존재한다. 그의 이웃을 '자기 자신' 처럼 사랑한다는 것은 오직 그가 자기 자신을 사랑하는 것과 유사하게 자기 사랑을 이웃에게 불어 넣으려 한다는 것을 의미한다.[136]

이 불균형에 대해 말하는 것은 그렇다고 객관적으로 나는 다른 이들보다 중요하다는 것을 의미하지는 않는다. 오히려 이것이 의미하는 바는 하나님 형상으로 창조된 모든 인간의 존엄성은 우리가 공유하는 특징들에 있으며 그 가운데 하나가 바로 나 스스로 하나님을 사랑하는 것과 내가 다른 이들에게 하나님 사랑을 권장하는 것 사이를 구분해야 한다는 것이다.

더 나아가, 우리는 이 불균형을 두 가지 신앙의 관점에서 이해해야 한다. 첫째, 우리 각자가 가지고 있는 하나님 사랑에 대한 전망이라는 관점에서, 나와 내 이웃은 경쟁자가 될 수 없다. 어떤 결핍의 상황이나 충돌의 다른 이유가 있을 수 없다. 오히려 다함이 없는 사랑으로 사랑하시는 하나님이 계실 뿐이다. 이 지고선은 경쟁 관계에 있는 요구들 가운데 오직 몇몇의 요구만을 충족시킬 수밖에 없는 어떤 유한한 자원의 출처가 아니다. 예를 들어, 내가 지고선에 충성을 다

---

[136] O' Donovan, *The Problem of Self-Love in St. Augustine*, 116.

하는 데 실패한다고 해서(여기서 '충성을 다함'은 하나님을 마음과 영혼 그리고 정신을 모두 다 기울여 사랑하는 것을 의미한다), 내 이웃이 얻을 수 있는 유익을 얻지 못하게 되는 것은 아니다. 둘째, 우리의 하나님의 대한 사랑은 상호교환적(reciprocal)이라기보다 관계적(relational)이다. 우리는 상상할 수 있는 가장 깊은 수준에서 하나님께 의존하고 또 소통한다. 그러나 *상호간의* 필요가 충족되며 도움을 주고받는다는 의미에서 상호교환성은 존재하지 않는다.[137] 앞에서 살핀 대로, 우리가 여기서 관심하고 있는 불균형성을 완전히 상대화하는 바로서의 '하나님의 구원'이라는 관점에서 우리는 온전히 의존적이다. 구원은 하나님의 은혜로 주어지며, 그 구원은 기독교인들이 고백하는 대로 그리스도 안에서 충만하게 드러난 것이다. 만일 나 자신이나 내 이웃이 서로의 상호역동에서 한 사람이 다른 이들을 구원할 수 있다고 가정한다면 그것은 정말 치명적인 어리석음이다. 우리의 인간적 상호역동은 좀 더 제한되어 있는데, 이 제한됨 안에서 좀 더 상호교환적(reciprocal)이며 또 상호의존적이다. 그리하여 때때로 우리는 유한한 자원들, 결핍의 상황들, 경쟁적인 요구들 그리고 상호간의 희생으로부터 오는 이익과 손해를 경험한다.

그러한 상호의존성은 쉽게 발견할 수 있는 것이다. 필자가 앞으로 다루려고 하는 과장적 시도가 간과하는 이러한 상호의존성의 내용들을 언급하기 전에 필자는 불균형성의 두 번째 결과에 대해 말하려 한다. 이 결과는 이웃 사랑의 계명과 관련된 것이다. 우리의 역사적 실존을 특징짓는 상호교환성의 조건들에도 불구하고, 나는 나 자신을 위해서 할 수 있는 것만큼 내 이웃을 위해 할 수 없다는 점이다.

예를 들어, 내가 나 자신을 위해서는 할 수 있지만 그에 상응한 선에서 내 이웃을 위해 할 수 없는 종교적 일들이 있다. 하나님께 회개하는 일이 바로 그런 성격의 일들 가운데 하나이다. 나는 내 이웃에게 회개하라고 권할 수 있다. 그

---

137) 상호교환성과 관계성 사이의 차이에 대해 다음의 글에서 상술했다. Outka, "Following at a Distance," 152-53, 157-58.

러나 만일 내 이웃을 대신하여 회개하려 한다면, 나는 나 자신에게 죄를 물을 수 있는 교만에 이르게 되며 결국 내 이웃을 모욕하는 결과를 낳고 말 것이다.[138] 용서는 다른 하나의 예일 것이다. 나에게 잘못한 사람을 내가 용서하는 것은 문제 될 일이 아니다. 그러나 내가 나 아닌 다른 사람에게 잘못한 제3자를 용서하는 것은 (사제로서 혹은 목사로서 하나님의 용서를 선언하는 것이 아니고) 교만한 것이다.

어떤 행위자에게 온전히 타자를 대신하여 할 수 있는 행위들이 있을 수 있으며, 더 나아가 그 사람은 완전한 상호교환성을 그 행위들의 결과로 상정할 수 있을 것이다. 그러나 이러한 행위들은 두 가지 의미에서 일방향적이다. 이러한 행위들에 대해 1장에서 언급했는데, 필자는 거기에서 '친밀함'으로 특징지을 수 있는 인격적 관계들과 '합의'로 특징지을 수 있는 사회적 관계들을 형성하고 또 발전시키고자 하는 '아가페'의 노력들에 대해서 기술했다. (사랑의) 행위자는 상호교환성을 타자 배려의 조건으로 삼는 것을 거부한다. 어떤 종류이든 반응을 기다리거나 기대하거나 혹은 요구해서는 안 되지만, 그럼에도 우리는 우리 사랑의 대상의 반응에 대해 자연스럽게 생기는 욕구나 소망을 도덕적으로 옳지 않다 할 수는 없을 것이다. 또한 실제적으로 그러한 일이 일어나는 것을 현실적인 가능성으로 혹은 우리가 추구할 수 있는 결실로 받아들일 수 있을 것이다. 그러한 행위들은 어떻게 일방향성의 특징을 갖게 되는가? 첫째, 그것들은 우리의 주도적 행위를 요구한다. 나는 오직 나 자신만을 구속(拘束)할 수 있고 또 나 자신에게만 요구할 수 있다는 주장은 받아들일 만한 주장이다. 적어도 나는 다른 이들에게는 요구할 수 없는 바를 나 자신에게는 요구할 수 있다.[139] 나는 다른 이들에게 먼저 사랑으로 다가서야 하고 또 그렇게 함으로써 어떤 반응이 일어

---

138) 한 아들이 아버지를 위해서가(대신해서가) 아니라 아버지의 잘못에 대해서 어떻게 회개할 수 있는지에 관해서 다음의 논문에서 다루었다. Gene Outka, "Equality and Individuality: Thoughts on Two Themes in Kierkegaard," *The Journal of Religious Ethics*, 10/2 (Fall, 1982), 195-96.
139) Margaret A. Farley, *Personal Commitments: Making, Keeping, Breaking* (San Francisco: Harper, 1986).

날 수 있는 조건들을 조성해야 한다. 둘째, 그러나 그러한 행위들은 내가 받기를 (자연스럽게) 소망하는 어떤 특정한 반응들을 강제해서는 안 된다. 그렇게 소망하는 반응들이 나에게 오도록 강제하려 할 때 나는 '타자의 동의'라는 조건을 위반하는 것이 된다. 이 경우 나는 반드시 실패하게 될 것인데, 내가 (나의 사랑의 행위에 수반될 수 있는) 어떤 우월적 힘이 사랑의 대상에게 작용하여 내가 표면상 나의 목적을 이룰 수 있게 된다고 해도 말이다. 나는 그러한 반응이 결코 일어나지 않을 수 있다는 가능성을 인정해야 할 것이며 그에 따라 나의 소망(혹은 욕구)을 제어할 수 있도록 훈련해야 한다. 그럼에도 내가 희망하는 반응이 일어나든 일어나지 않든 상관없이 나는 계속해서 내 이웃에게 헌신할 수 있고 또 헌신해야 한다. 그러나 나는 나의 헌신의 구체적 표현을 변경할 수 있다는 여지를 늘 염두에 두어야 한다.

자아·자아 관계와 자아·타자 관계에서 나는 다른 모든 타자들과 완벽하게 똑같은 가치로 인식되고 또 같은 방식으로 대우받는 세상 그리고 이해(利害)를 따지는 상황에서 관련된 모든 사람들이 완벽하게 동등하게 이익을 취하게 되는 세상, 그러한 세상의 일원으로 나는 살 수 있는가? 아마도 이는 가능하지도 않을뿐더러 바람직하다고 볼 수 없지 않을까. 나 자신의 이익이 직결되어 있을 때 요구되는 무사무욕(無私無慾)을 관철해 내기가 결코 쉬운 일이 아니기 때문이기도 하지만, 다른 여러 사람들 가운데 하나의 유한한 행위자라는 사실은 내가 다른 이들에게 영향을 미칠 수 있는 가능성은 나 자신에게 영향을 미칠 수 있는 것 보다 훨씬 제한되어 있기 때문이기도 하다. 타자들과 공동체를 이루며 사는 것은 관계성 뿐 아니라 어떤 구분을 내포하는 데, 이 구분은 그 관계의 당사자들 모두에게 해당되는 '도덕행위자로서의 주체성'의 조건들에 포함된다.

그러나 불편부당성의 옹호자들은 우리 모두는 그러한 주체성의 조건들에 종속될 수밖에 없는 유한한 피조물이라는 사실을 꼭 부정해야 하는가? 우리가 앞에서 살핀 대로, 칸트는 앞에서 논의했던 구조적 차이들이 우리로 하여금 우리 자신에 대해 임의적 예외를 설정하거나 혹은 우리 자신에게 편애적으로 행동하도록 요구한다고 생각하지 않는다. 그러한 차이들은 불편부당론이 있게 하는 원인으로서 '과도한 자기주장'에 반대하는 노력들을 제한하지 않는다. 어쨌든 이러한 구조적 차이들은 객관적으로 어느 누구도 다른 이들 보다 더 중요하지 않다는 점과 상응한다.

불균형성이 문제를 제기하는 대상은 자아·타자 관계와 타자·타자 관계 사이에 어떤 차이도 없다고 주장하는 불편부당성의 견해들이다. 예를 하나 들어보자. 헤어는 이 세상에서 가질 수 있는 최선의 의지를 가지고서도, 나 자신을 유익하게 하고자 내가 기꺼이 감당하고자 하는 바와 같은 방식과 열정으로, 다른 이들을 유익하게 하는 데 실패할 수 있다는 점을 인정한다.

.... 때때로 나는 나 자신을 위해 무언가를 할 때, 나에게 유익이 있다는 것을 안다. 그러나 내가 다른 이들을 위해 무언가를 하거나 하려고 시도할 때 그 일들이 올바른 일이 아닐 수 있고 또는 올바른 일이라 하더라도 다른 이들의 협조 없이는 소용없는 일이 될 수도 있다. 내 인생의 과정에서 나는 같은 정도, 아니 때로는 좀 더 많은 노력을 기울여 다른 이들 보다는 나 자신을 위해 선(善)을 행하는 데 더 성공적이었는데, 왜냐하면 그들이 갖고 있는 선의 개념이 나의 것과 같지 않은 경우들이 존재하기 때문이다.[140]

이러한 진술의 배경은 "편애를 정당화하는 제일견(第一見, *prima facie* 〈프리마 파시에〉) 원리들은 불편부당하고도 비판적인 관점에서 판단을 내릴 때에도 높은 수용효용성(acceptance-utility)을 가지고 있다."는 점이다.[141] 우리는 우리 자신에게 *편애적일 수 있다*. 그러나 헤어는 이러한 편애를 '현명한 투자'라는 일반적 개념 아래서 정당화하며 또 그는 이 개념에 근거하여 우리와 특별한 관계에 있는 다른 이들에 대한 신실한 헌신을 정당화한다. 그래서 부모로

---

140) Hare, *Moral Thinking*, 202-3.
141) *Ibid.*, 202.

서 내가 (그리고 *부모인* 모든 사람들은) 나 자신의 자녀들을 키우느라 나의 자신의 더 많은 부분을 할애한다면, 일반적으로 자녀들은 유익을 얻을 가능성이 더 커질 것이다. 이와 비슷하게, 나는 (그리고 *행위자로서* 모든 사람들은) 다른 이들 보다 나 자신을 유익하게 할 가능성이 더 많으며(나는 나 자신의 선의 개념을 특별히 잘 파악할 수 있으며 또 그것을 좀 더 효과적으로 실행할 수 있기 때문이다), 또한 그래서 나는 다른 이들을 위해서 보다 나 자신을 위해서 더 많은 일들을 할 수 있다. 여기서 우리가 발견하는 차이를 적합한 비유사성(relevant dissimilarity)이라 칭할 수 있다. 이 비유사성은 어떻게 자아·타자 관계와 타자·타자 관계가 다른지에 대해 우리가 앞에서 논의했던 바를 상기시켜 준다. 자녀들이 잘 될 것이라는 기대는 그들이 각고의 돌봄과 애정을 받을 때 측량할 수 없을 만큼 더 커질 수 있다는 점을 우리가 동의한다고 가정해 보라. 또한 그렇게 할 수 있는 가장 적합한 방법은 집중적이고 지속적이며 또 안정된 부모로서의 양육이라는 것을 가정해 보라. 나는 부모로서의 에너지를 나 자신의 자녀들의 복지를 위해 투자할 때 불편부당하게 다른 이들의 선을 증진하기로 결심하며 또한 다른 부모들도 그들의 자녀들에 대해 그렇게 해 주기를 장려한다. 그러나 내가 유익을 얻는 만큼 다른 이들이 나의 행동에서 왜 유익을 얻지 못하는지에 대한 까닭을 찾는다면, 나는 행위자로서 나의 능력으로 가능한 나 자신의 행동들에 대해 좀 더 많이 통제할 수 있다는 점을 하나의 답으로 상정할 수 있을 것이다. 여기서 불균형성을 생각할 수 있다. 헤어는 다른 이들이 협조하지 않을 경우에 우리가 다른 이들을 배려하여 하는 일들이 아무 소용이 없게 될 수 있다는 점을 인정하면서, 아마도 의도하지는 않았지만 우리가 논의하고 있는 규범적 불균형성에 접근하고 있는지 모르겠다. 우리는 우리 자신의 행동보다 다른 이들의 행동에(자기 자신의 자녀들의 행동도 포함된다) 대해서 통제하기가 더 어렵다. 그러므로 불편부당성에 근거해서 펼치고자 하는 주장이 어떤 것이든, 우리는 '도덕행위자의 주체성'이라는 주제를 소홀이 여기지 말아야 할 것이다.

지금까지 불균형성이 가져다주는 두 가지 결과에 대해 생각해 보았는데,

이제 우리가 피해야 하는 두 가지 과장적 시도에 대해 논의해 보고자 한다. 이 시도들은 불편부당성의 옹호자들에게서 그 기원을 찾을 수 있는 것은 아니지만, 이것들은 불균형성 자체에 대한 오해를 방지하는 데 도움이 된다고 할 수 있다.

4) 첫 번째 과장: 자아를 선호한다.

이 과장적 시도는 때때로 나는 가장 효과적으로 나 자신을 유익하게 할 수 있다는 인식으로부터 일반적으로 나는 나 자신을 더 선호해야만 한다는 정책으로 전환하는 것이다. 이러한 시도는 세 가지 측면에서 정당하지 못하다.

이 과장적 시도는 효과성과 통제의 상대성 사이의 관계를 바로 인식하지 못하는 것 같다. 이러한 인식(인정)은 책임의 정도에 관한 것이다. 내가 나 자신의 행동에 대해 더 많이 통제할 수 있는 한에서, 나는 그 행동들에 대해 더 큰 책임을 져야 한다. 나는 먼저 악의 실현에 내가 공헌한 바가 없는지 성찰해 보아야 한다. 나의 이러한 성찰은 나 자신을 유익하게 하는 것이라면 무엇이든지 선호해야 한다는 정책과 충돌한다. 이것은 나 자신의 행동에 대해 비판적으로 검토하도록 자극하고 도전한다.

둘째, 내가 다른 이들을 위해 할 수 있는 것과 나 자신을 위해 할 수 있는 것을 동일시할 때 다른 이들의 자유를 침해한다는 것이다. 여기서 중요한 것은 '적절한 능력'(appropriate capabilities)을 존중하는 것이다. 그리고 그러한 존중은 자기 자신을 배려하는 것만큼 타자를 배려한다는 것을 의미한다. 이 존중은 내가 그렇게 하지 말아야 하고 또 그렇게 하지 않을 수 있음에도 추구하게 되는 자기 선호를 거부한다.

셋째, 기독교 전통은 나는 나 자신을 선호해야 한다는 정책을 일반적인 것으로 받아들이는 것에 대해 단연코 반대한다. 나의 하나님 사랑은 필연적으로 그리고 직접적으로 나의 이웃 사랑과 연결되어 있기에, 그러한 정책을 진지하게 받아들여서는 안 될 것이다. ("누구든지 하나님을 사랑하노라 하고 그 형제를 미워하면 이는 거짓말하는 자니 보는 바 그 형제를 사랑하지 아니하는 자는 보지 못하는 바 하나님을 사랑할 수 없느니라 우리가 이 계명을 주께 받았나니 하나님을 사랑하는 자는 또한 그 형제를 사랑할지니라[요1 4:20-21]). 이 정책은 또한 과도한 자기주장 혹은 초점 잃은 자기몰입 등과 매우 유사하기에 용납될 수 없다. 이 정책이 새로운 기회를 보장해 줄 수 있다는 긍정적 측면을 전적으로 부정할 수 없겠지만, 나는 죄에 관하여 가능성이 충분하다는 사실을 생각하면 더더욱 용납하기 어려울 것이다.

5) 두 번째 과장적 시도: 고립적 자기충족

또 다른 하나의 과장적 시도는 하나님에 대한 순전한 사랑은 다른 사람들에 의해 강요될 수 없다는 믿음으로부터 출발하여 각 개인을 타자와 분리되어 존재하는 어떤 자족적 자율적 존재로 보는 것이다.

앞에서 살핀 대로 극단적인 개인주의는 어떤 것이 되었든 거부해야 한다는 필자의 주장을 뒷받침하기 위해 상호의존에 관한 몇 가지 보기를 들어 보려 한다. 필자는 이를 위해 어떻게 내가 나 자신을 위해 할 수 있는 만큼 내 이웃을 위해 할 수 없는지를 설명하기 위해 들었던 행동의 보기들에 근거하여 도출된 가능한 표본들을 제시하고자 한다.

먼저 내 이웃을 위해 나는 하나님 앞에서 회개할 수 없지만, 나 자신을 위해서는 회개할 수 있다는 주장을 생각해 보자. 불균형성은 이 주장을 이해하는 데 도움이 된다. 그러나 이 주장이 나 자신을 자기충족적이고 또 고립적인 존재로 보도록 요구한다고 가정하면서 ① 내가 어떤 행동들에 대해 회개해야 하는지를 공동체와 전통을 떠나서 결정해야 하며 또 ② 내가 회개해야 하는지에 대해 홀로 고민하고 홀로 씨름해야 한다는 식으로 이해한다면, 나는 이 주장을 과장하고 있는 것이다.

① 의 경우를 생각해 보자. (우리가 논의하고 있는 규범적 불균형성은) 행위자나 그 행위의 대상 모두에게 영향이 있는 어떤 행동이 일반적으로 사랑스러운 것인지 아닌지를 결정하는 인격 상호간의 동의들로부터 나 자신을 제외시키

라고 요구하지 않는다. 이 불균형성은 내가 속한 공동체를 떠나서는 종교적 도덕적 가치들이 의미하는 바를 제대로 파악할 수 없기 때문에 그러한 가치들은 단연코 사회적 성격을 갖는다는 견해를 반대하지 않는다는 점도 지적해 두어야 하겠다. 그리고 공동체가 나에 대해 갖는 권위는 그 공동체에 권위를 부여하기로 한 나 자신의 결정에만 근거해서는 안 되며, 어떤 행동이 종교적으로 또 도덕적으로 중요한 의미가 있는지 혹은 어떤 행동이 그렇지 않은지를 내가 결정한다는 의미에서 나는 자기충족적일 필요도 없다. ② 항목의 관점에서, 불균형성은 나에게 실제적으로 고독한(고립된) 삶을 살라고 하지 않는다. 다른 이들과 숙의하는 것은 별개로 하고 내가 행한 악에 대해 명확하게 다 진술할 수 없음과 다른 이들의 격려는 별개로 하고 내가 행한 악을 회개할 수 있는 힘을 (인위적으로) 만들어 낼 수 없음을 인정하는 것은 나의 자유(혹은 재량)에 달려 있지만, 이를 인정하는 것을 과장적 시도라 보아서는 안 된다.

만일 내가 행한 악이 오직 나 자신에게만 해당되는 것이라고 가정한다면 회개에 있어서의 행위자의 역할을 과장하는 것이다. 회개가 필요한 잘못을 내가 저지를 수도 있고 또 나의 불이행 때문에 나의 이웃에게 해를 입힐 가능성도 있다. 나의 잘못과 부주의로 인해, 직접적인 책임(대가)을 요구받을 지도 모른다. 다른 누군가를 타락하게 만든 것에 대해 내가 책임을 져야 한다면 그것은 전적으로 나의 것이 될 수는 없을 것인데, 왜냐하면 나는 그 이웃의 동의 없이는 지옥에라도 그를 끌고 갈 수 없기 때문이다.[142] 나는 다른 개인들 뿐 아니라 내가 속해 있는 공동체의 관습과 가치들에 미칠 영향에 대해서도 고려해야 한다. 불균형성은 나의 행동이 이처럼 더 넓은 범위에서 영향을 미칠 수 있다는 점을 인정하는 것을 금지하지 않는다. 실로 필자가 첫 번째 종류의 과장적 시도에 대해 응답했던 바가 옳다면, 불균형성은 그러한 영향들에 대해 더 민감하라고 권면할 것이다.

---

142) 이러한 이중의 책임에 관해서 좀 더 살피기를 원한다면 다음을 참고하라. Gene Outka, "On Harming Others," *Interpretation*, 34/4 (October, 1980), 381-93.

다음으로 *아가페*는 친밀함을 특징으로 하는 인격적 관계들과 합의를 특징으로 하는 사회적 관계들을 형성하고 또 발전시키기 위한 일방향적인 사랑의 노력들을 내포한다는 주장에 대해 생각해 보고자 한다. 행위자나 행위의 대상, 이 둘 모두의 경우를 생각하며 사랑의 역사(work of love)를 정의함에 있어서 내가 자율이라는 개념에 나의 모든 관심을 쏟는다면 나는 이 주장을 과장하게 될 것이다. 한편으로, 자율이라는 개념에 그렇게 집중하다 보면 다른 이들을 사랑하기 위해 내가 발휘해야 하는 행위자로서의 나 자신의 능력이 필수불가결한 것이 되어, 전체적 상황이 행위자인 나에게 좌우되는 결과를 낳게 된다. 나 역시 때로는 행위의 대상이 된다. 여기서 다시금 우리는 도덕적 원리들은 행위자들에게 그들이 해도 되는 것과 해야 하는 것이 무엇인지를 알려 줄 뿐 만 아니라 저항·반대하거나 혹은 요구할 수 있는 것이 무엇인지를 알려 준다는 점을 기억하게 한다. 필자는 3장에서 어떻게 우리가 사랑의 계명으로 (이러한 도덕적 원리들의 작용을) 통합할 수 있는 지에 대해 몇 가지로 제안하였다. 때로는 나의 주도적 행동이나 그에 따르는 반응들은 제한되며 혹은 다른 이들과의 상호작용에 의해 영향을 받는다. 사실, 우리의 삶은 나의 자율적 결단에 배치되지만 따라야 하는 일들로 가득 차 있다. 사업상의 거래에서 '강제적인 제안들'을 수용해야 한다거나, 생계유지의 절실함을 생각하면 그렇게 못하지만 능력이 없는 피고용인을 부득이 해고해야 하는 경우, 위협이 두려워 마약 중독자에 돈을 주어야 한다거나 폭군적 정부를 전복하기 위한 모의에 참여해야 하는 경우 등과 같이 내가 원하지 않는 바를 해야 하는 결정들을 그 보기로 생각할 수 있다. 행위의 대상으로서의 나의 상황도, 이러한 경우들의 복잡성도, 우리가 오직 자율(혹은 자율적 주도권)에만 관심을 둔다면, 마땅히 받을 수 있는 정당한 평가를 받지 못하게 될 것이다. 우리는 불균형성을 절대적 기원들(absolute beginnings)에 참여하는 어떤 초역사적 능력으로 해석할 필요는 없다.[143]

다른 한편으로, 내가 보호하고 증진시켜야 하는 이웃의 복지의 요소들 가

---

143) 이 문제를 전개하는 방식에 있어서 필자는 터너(Philip Turner)에게서 도움을 받았다.

운데 하나로 볼 수 있는 '자율'에 관심을 집중하는 것은 그 사람의 자율적 선택을 증진하는 결과를 낳을 수 있다. 이러한 증진은 손쉽게 두 가지 실책으로 이어진다. 첫째, 존엄성과 자율을 암묵적으로 동일시하는 것이다. 이러한 동일시는 이웃 사랑에 대한 전통적인 이해와 충돌하는데, 이 이해에 따르면 한 사람이 (의식적으로) 결정한 것만이 아니라 그 사람에게 (우연히) 일어난 일에 대해서도 관심을 갖고 또 돌보아야 한다는 것이다.[144] 자율은 그 이웃의 존엄성에 핵심적인 것이지만, 그렇다고 전체를 다 드러내는 것은 아니다. 다시 말하지만, 불균형성은 이러한 동일시를 요구하지 않는다. 둘째로, (앞에서 말한) 증진은 잘못된 행위의 대상이 된 사람들이 자신들의 반응을 책임적으로 통제하는 방법을 선택적으로 집중하게 한다. 구체적 보기를 한 가지 생각해 보자.

어거스틴은 『하나님의 도성』에서 고매한 로마인 간호사(matron) 루크레티아(Lucretia)의 경우를 소개한다. 그녀는 성적으로 불의한 도발을 당한 후에, 자신은 이 불의한 일에 대해 어떤 책임도 없다는 것을 자기 자신을 해하는 방식으로 입증하기 위해 자살을 선택한다. 어거스틴은 그녀의 죽음과 유사한 피해를 입은 기독교인 여성들의 반응을 대조한다.

그들은 그들 자신에게 저지른 타인들의 범죄에 대해 복수를 실행함으로 범죄에 빠지는 것을 단호히 거부했다. 만약 그들이 이를 행했다면 그들의 원수의 욕망이 자신들을 간통으로 몰아 간 것처럼, 그들이 갖고 있던 수치도 그들을 살인으로 몰아갔을 것이다. 그들 자신의 영혼 안에서, 양심의 증거를 따라 그들은 순결의 영광을 향유한다. 하나님 앞에서도 그들은 순결하다 인정되며 그들은 이것으로 만족한다. 더 이상 필요한 것은 없다. 선을 행할 기회를 가지고 있다는 것으로 충분하며, 하나님의 법을 어기지 않기 위해 그들이 겪어야 할 고통이 있

---

144) Outka, "Following at a Distance," 148, 156-57; Edmund N. Santurri and William Werpehowski, "Substituted Judgment and the Terminally-Ill Incompetent," Thought, 57/227 (December, 1982), 484-501.

다면 피하지 않을 것이다.[145]

이 기독교 여인들은 범법자들의 죄과를 대신 질 수 없다. 오직 그들이 자신들에게 가해진 악에 (다른 악을) 더하느냐 그렇지 않느냐에 대해서만 일정 정도의 통제의 책임을 갖는다.

불균형성은 여기까지 어거스틴이 강조한 바를 지지한다. 어떤 행동들은 다른 이들이 주도한 것들에 대한 응답인데, 특히 해를 입히는 그들의 행동들에 대한 것이다. 그러나 불균형성은 우리로 하여금 사회적 개혁의 중요성을 강조하도록 한다. 예를 들어 루크레티아와 기독교 여성들에게 가해진 악은 그 사회 속에 일반적으로 자리 잡고 있는 비뚤어진 여성관을 반영한다. 우리는 이러한 왜곡된 관점들에 대해 저항해야 하고 그런 면에서 사회 개혁에 힘써서 남성들이 이런 식으로 여성들을 대하지 못하도록 해야 하는 것이다.

이 두 번째 과장적 시도를 통해서 우리는 불균형성이 갤스턴(William Galston)이 *초개인주의*(hyperindividualism)라고 부르는 이론을 반드시 뒷받침해야 할 필요는 없다는 점을 알 수 있다. 이 초개인주의는 "다른 사람들이나 정치사회 공동체의 본성과 가능성에 미치는 영향들을 고려함이 없이, 개인들이 자신의 것으로 요구할 수 있는 주장들이나 '권리들'에 집중하면서 그 개인들의 분리성(혹은 독자성)을 지나치게 강조한다."[146] 이러한 영향들과 정치 공동체의 본성의 문제는 아가페가 마땅히 갖게 되는 관심사인데, 불균형성도 이러한 관심사들을 소홀히 여기지 않는다.

그러나 여기서 필자의 주된 목적은 *아가페*를 기술하는 데 있어, 불균형성이 갖는 중요성을 탐색하는 것이다. 불균형성은 초개인주의와 분명히 구분이 되지만, 또한 더욱 분명하게 다른 극단에 위치한 이론 곧 초유기체주의

---

145) Augustine, *The City of God*, Marcus Dods, trans. (New York: Modern Library, 1950), Book I, C. 19, 25.
146) William A. Galston, *Justice and the Human Good* (Chicago: University of Chicago Press, 1980), 3.

(hyperorganicism)와도 구분이 되는데, "[초유기체주의]에 따르면 공동체는 단일화된 존재로 실체화하면서 개인의 주체성과 독자성의 가치를 축소한다."[147] 시몬 드 보브아르(Simone de Beauvoir)는 이 이론이 어떻게 전개될 수 있는지에 대해 다음 이야기를 통해 잘 설명해준다.

늦은 오후 잔디밭에 앉아 퀘노(Queneau)와 함께 '역사의 목적'에 대해 이야기했다. 그 당시 대화 주제 가운데 가장 많이 다루었던 것이었다. 우리는 역사의 현실과 무게에 대해 함께 공감했고, 이제 우리는 그 의미에 대해 궁구하고 있다. 퀘노는 언젠가 모든 개인은 성령의 하나 되게 하시는 역사 가운데 화해하게 될 것이라고 생각했다. 나는 "내 발에 통증이 생기면 어떻게 되는 것인가"라고 물었고 그는 "우리 모두는 네 발의 통증을 갖게 될 거야"라고 대답했다.[148]

조금은 더 심각하게 이 두 사람의 대화를 바꾸어 본다면 이런 것이 될 것이다. "내가 죽는다면 어떻게 되지? 우리 모두는 죽을 거야." 이 대화의 초점은 도덕행위자로서의 주체성(agency)으로부터 '의식'(consciousness)으로 옮아가기 때문에, 우리의 논의 주제를 넘어서는 것이다. 다만 불균형성은 퀘노의 응답을 염원의 차원(wishful thoughts)에 속하는 것으로 이해하도록 돕는다.

행위자의 개인적 주체성과 사회성, 각각을 살리면서 둘을 한 데로 묶는 것은 양극단을 부정하는 것보다 쉬운 일이 될 것이다. 기독교 역사에는 극단의 개인주의적인 그리고 극단의 집단주의적 사건들, 운동들 그리고 옹호자들이 있어 왔다. 다시 말하지만, 나는 여기서 양자를 건설적으로 통합하는 어떤 제안을 내놓을 수는 없다. 단지 필자는 여기서 필수불가결한 행위자의 개인성은 우리 한 사람 한 사람을 자족적인 존재로 만들지 않지만, 그럼에도 하나님과 이웃들 앞

---

147) *Ibid.*, 2-3.
148) Simone de Beauvoir, *Force of Circumstance*, Richard Howard, trans. (New York: Putnam, 1965), 34-35.

에서 우리의 근본적 상황을 기술하려고 하는 노력들을 시작하도록 만든다는 점을 주장하고 싶다.

제3부

총체적 정리 및 평가

제3부 총체적 정리 및 평가

　필자는 하나님 사랑, 이웃 사랑 그리고 자기사랑 사이에 존재하는 차이들과 본질적인 연관성들에 대한 전통적인 신념을 논의의 출발점으로 삼았다. 이 신념에 따르면, 하나님은 절대적인 애정과 헌신 그리고 숭배를 요구하신다. 하나님을 향해야 할 숭배가 우리 자신이나 우리의 이웃에게 주어진다면, 그것은 우상숭배로 간주될 것이다. 온 존재를 다해 하나님을 사랑하라는 계명은 어떤 필연적인 독특성을 내포하는데, 이 계명만이 최종적·궁극적 의미 혹은 정당성을 확보할 수 있는 행동과 삶의 자세를 불러일으킬 수 있다는 뜻에서 그렇다. 네 이웃을 네 몸과 같이 사랑하라는 계명 역시 어떤 독특성을 내포하는데, 이 사랑의 계명은 우리가 하나님을 사랑하는 데 사용되는 단순한 도구 이상의 의미를 가진다는 점을 분명하게 증언한다는 뜻에서 그렇다. 우리 한 사람 한 사람은 다른 이들의 행동의 대상으로서 최종적인 의미 곧 다른 그 누구, 다른 무엇 것과도 바꿀 수 없는 독보적 가치를 가진 존재요 목적 자체로서의 의미를 갖는다는 말이다. 이 신념은 지금 생각하고 있는 세 가지 종류의 사랑 사이에 존재하는 차이들 뿐 아니라 본질적 연관성도 강조한다. 우리는 두 계명 사이의 순서를 바꾸어서는 안 되지만, 둘째는 첫째와 '같다'(like). 하나님을 최상으로 사랑하는 사람들은 그들의 이웃들과 자기 자신을 바르게 사랑한다. 이 세 가지 사랑들 사이에 존재하는 연관성은 우연한 것도, 변덕스럽게 변하는 것도 아니다.

　이 저작에서 필자는 바른 이웃 사랑과 자기사랑에 집중해 왔다. 이 두 가지 사랑을 진지하게 탐구하면서 필자는 '하나님을 사랑함'에 우선순위를 두는 것을 두 가지 의미에서 강조하려 했다. 첫째, 이웃 사랑과 자기사랑에 대한 논의를 신중심적인 설명과 평가의 틀 안에 두었다. 이런 의미에서 필자는 첫째 계명은 말할 것도 없고, 둘째 계명 역시 신앙과 삶의 실천에 관한 종교적 신학적 계명으로 다루었다. 하나님을 사랑하는 것은 하나님이 사랑하는 사람을 사랑함으로써 하나님께 충성을 다하는 삶을 포함한다. 그러한 충성은 피조물로서 우리의 차원에서 그리고 우리의 능력 안에서 하나님이 모든 사람들을 창조하시고 보존하시고 구원하신다는 신념을 증거하는 삶으로 우리를 이끌어간다.

필자는 세 단계로 보편적 사랑에 대한 필자의 주장을 진술했다. 먼저 (사랑의 대상에 있어) 포괄성을 우리가 견지해야 한다는 측면에서 원수 사랑에 초점을 맞추게 한다. 원수가 우리에게 관심과 돌봄을 보여줄 것을 요구할 수 있다는 것은 그가 인간의 얼굴을 갖고 있는 하나님 창조의 산물이라는 점 그리고 하나님이 회개하기에 이르기를 원하시는 구원의 대상이라는 점과도 연관되어 있다. 이것은 자아에도 적용된다. 즉, 자아를 마땅히 동등한 관심과 돌봄의 대상으로 삼아야 한다. 그리하여 보편적 사랑을 견지하려 할 때, 그 대상은 이웃 뿐 아니라 자아까지도 포함한다는 규범적 결론에 이르렀다. 필자는 이 결론을 그 이후에 진행된 논의의 공리로 삼았다. 그러면 우리는 어떻게 이 확장을 해석해야 하는가? 두 번째 단계에서 필자는 가장 단순하면서 직접적인 해석으로 여겨질 수 있는 바를 소개했다. 포괄성은 우리가 이웃과 자아의 권리들을 불편부당하게 평가해 줄 것을 요구한다. 거기에 적절한 이웃 사랑과 자기사랑이 있을 수 있다고 말하는 것은 어느 방향으로든 편중을 *요구하지* 않는다는 것을 의미한다. 그러나 이러한 해석은 불편부당성에 대해 가질 수 있는 여러 종류의 불편함을 적절하게 응답하기 어렵게 한다. 그래서 필자는 세 번째 단계에 이르러서 불편부당성에 대한 가장 중요한 도전들 가운데 네 가지를 살펴보았다. 필자는 그러한 도전들을 자아·타자 관계와 자아·자아 관계 사이에 존재하는 불균형성의 관점에서 논구하였다. 이 불균형성은 이웃 사랑과 자기사랑에 대해 좀 더 충실하게 진술하는데 도움이 된다는 점을 밝혀 두고자 한다.

이제 필자는 두 번째와 세 번째 단계를 다시금 살펴보고 보편적 사랑이 고려해야 하는 유사점들과 차이점들에 관한 일반적 결론을 내리고자 한다. 필자는 7장에서는 유사점들을, 그 다음으로 8장에서는 차이점들을, 그리고 9장에서는 앞으로 계속해서 논의되었으면 하는 중요한 두 가지 주제를 소개함으로 맺으려 한다.

7. 보편적 사랑은 이웃과 자아 사이에 존재하는 유사점들 가운데 어떤 것을 정당화하는가?

보편적 사랑의 대상은 이웃과 자아를 모두 포함해야 한다는 주장은 이 둘 모두가 진심으로 관심을 갖고 또 돌보아야 할 대상이라는 것을 의미한다. 필자는 2장에서 이웃과 자아를 똑같이 고려해야 한다는 주장에 기초한 일군(一群)의 주장들을 다루었다. 불균형성을 다시 살필 때에 그 주장들에 대해 언급하겠지만, 이제 필자는 우리는 이웃의 복지와 자아의 복지를 치우침이 없이(불편부당하게) 평가해야 한다는 주장에 초점을 맞추고자 한다. 앞에서 말한 대로, 현대 담론의 장에서 불편부당성은 하나의 확정된 견해가 아니라, 일군의 견해들을 묶은 것이다. 그러한 여러 견해들에게 통일성을 부여하는 요소들로는 이들은 공통적으로 '인격 상호간의 일관성'을 강조한다는 것과 황금률에 나타난 대로 '역할 전도 테스트'를 요구한다는 것 등을 생각할 수 있다. 실증적 윤리 이론들에서 확립된 좀 더 전문화된 의미들을 고려하기 전에, 필자는 일관성에 대한 고려와 사랑의 계명 사이에 존재하는 비공식적 연계(informal alliance)에 초점을 맞추었다. 앞으로 계속될 우리의 논의를 통하여 이러한 연계의 중요성을 더욱 확인하게 될 것이다. 보편적 사랑은 그러한 일관성에의 의존을 실제적으로 불가피한 것으로 정당화해야 한다고 결론 내려야 할 것인데, 불편부당성이라는 개념을 어떤 의미로 이해하든 상관없이 또 불균형성이 야기하는 변형들이 어떠하든 상관없이 그렇게 정당화해야 할 것이다.

1) 인격 상호간의 일관성과 역할 전도 테스트

인격 상호간의 일관성(interpersonal consistency)에 대한 일반적 의존 혹은 일반화(universalizability)는 정의와 공평한 대우를 그 규범적 내용으로 포함한다. 다양한 종류의 이중 잣대들이 (이들에 대한) 공동의 적이 된다. 특별히 자아 편애는 비판적으로 점검해야 한다. 기독교 전통 안에서 불편부당성을 인격 상호간의 일관성의 기준으로 의존함으로써, 무엇보다도 우리 자신을 위해 임의적 예외를 무차별적으로 두려고 하는 경향에 강력히 저항한다.

역할 전도 테스트에 대해서도 유사한 점을 살펴보았다. 윌리엄스(Bernard Williams)와 같은 불편부당성의 비판가들은 이것을 선호한다. 이 테스트를 종종 인격 상호간의 일관성에 대한 요구의 연장으로 해석한다. 그러나 이 테스트는 독자적인 무게를 간직하고 있다. 지월스는 어떤 법정적 불편부당성을 구현하는 것으로서의 인격 상호간의 일관성과 입법적 불편부당성을 구현하는 것으로서의 역할 전도 테스트를 효과적으로 구분하였다.[149] 이 테스트는 나 자신을 다른 이의 입장에 서도록 요구함으로써 이웃과 자아 사이의 차별에 도전한다. 나는 기꺼이 내가 내린 판단을 테스트할 준비가 되어 있어야 하는데, 이는 내가 주는 쪽이든 받는 쪽이든 상관없이 그 판단이 받아들여질 만한 것인지 질문함을 통해 이루어질 것이다("네 자매가 그렇게 하면 너는 좋지 않겠지, 그렇지?" "그래." "그러면, 너도 그녀에게 그렇게 하지 마.") 이 테스트의 가장 기본적인 형태는 나로 하여금 내 이웃의 입장에 서서 생각해 볼 것을 요구하지만, 그렇다고 나 자신의 신념이나 가치 혹은 선호들을 변경해야 한다는 의무 사항을 내포하는 것은 아니다.

인격 상호간의 일관성과 역할 전도 테스트, 이 둘은 모두 광범위한 어려움을 내포한다. 수용자로서 한 행위자가 원하는 것은 그의 이웃이 원하는 것과 같지 않을 수 있다는 점을 이 둘은 다 인정하는가? 이 둘은 어떤 행위자와 그 행위의 수용자가 모두 비도덕적이라고 동의하는 소원들과 행위들도 허용하는가? 이러한 어려운 문제들이 해소될 수 있다고 하더라도, 이 개념들('일관성'과 '테스트')이 엄연하게 기독교 윤리의 핵심을 구성하는 보편적 사랑이라는 개념을 위한 충분한 기준이 될 수는 없다.[150]

---

149) Gewirth, *Reason and Morality*, 164.
150) 황금율의 기독교윤리적 해석의 한 보기로 필자의 논문을 소개한다. "Augustinianism and Common Morality," in *Prospects for a Common Morality*, Gene Outka and John P. Reeder, Jr., eds. (Princeton: Princeton University Press, 1992), 114-48.

그러나 그것들은 필수적인 기준은 될 수 있다. 우리가 일관성 있게 견지할 필요가 없는 진부한 견해로 본다든지 혹은 해체하는 것이 마땅한 목표로 본다든지 하는 것은 옳지 않다. 우리는 인격 상호간의 일관성이 요구하는 바들에 충실해야 하며 역할 전도 테스트가 부과하는 제한 사항들을 수용해야 한다. 둘 다 규범적으로 중요한 작용을 한다. 이 둘은 지속적으로 우리의 사고나 논의에 있어 참고할 만한 내용들을 제공해 주며 도덕적으로 허용되는 의견의 불일치들의 범위를 줄여 준다. 이것들은 수없이 많은 편애의 구체적 양상들이 무엇인지 우리에게 알려 준다. 비판하기 좋아하고 비판에 관한 한 지극히 열심을 내는 우리의 모습, 우리가 반대하는 그룹에 대해서는 가혹하고 우리를 지지하는 그룹에 대해서는 관대한 것, 우리의 행위로 인해 희생이 된 사람들에 대해서 무관심하며 우리의 범죄가 심판을 받을 때는 이해와 관용을 간청하는 우리의 모습 등등. 요컨대, 우리는 무엇보다도 우리 자신을 편애하는 쪽으로 감각이 발달되어 있지만, 다른 이들이 사용하는 이중 잣대, 특별히 우리의 정당한 주장에 대해 다른 이들이 갖다 대는 이중 잣대에 대해서는 더더욱 민감하게 반응한다. 우리의 이웃과 우리 자신을 유사하게 사랑한다는 것은 공평하게 혹은 공명정대하게 사랑한다는 뜻이며 어느 방향으로든 임의적인 예외를 두는 것을 삼가야 한다는 뜻을 내포한다.

사랑이 지속적으로 벌여야 하는 임의성과의 싸움은 불편부당성을 일관성과 상호수용성의 원리로서 여기고 또 거기에 근거하려고 하는 일반적인 경향을 정당화하는 한 요인이 된다. 이러한 경향은 성경과 다른 문헌에서도 자주 등장하는데, 이는 근래에 수많은 저술들에서 다루고 있는 불편부당성과 정의 사이의 대조를 뒷받침하기 위한 것이다. 예를 들어, 벌히(Alan Verhey)는 신약 성경과 윤리에 관한 그의 연구에서 이러한 대조를 제시한다. 벌히는 불편부당성은 특정한 관점 없이 사물을 바라보는 경향과 연관되어 있다고 보는데, 이것은 '도덕행위자의 정체성과 통전성'을 무시하거나 혹은 부정하는 것이다.[151] 필자는 이

---

151) Allen Verhey, *The Great Reversal: Ethics and the New Testament* (Grand Rapids, Mich.:

것에 대해 이미 논의했고, 특별히 세 번째 불균형성과 관련하여 이러한 관점(도덕행위자의 정체성과 통전성을 존중하는 관점) 없이 사물을 바라보는 경향에 대해 부정적 입장을 밝혔다. 그러나 동시에 우리가 이 관점에만 주의를 기울이는 것도 문제가 될 수 있는데, 우리가 매일의 삶 속에서 근거해 살아가는 바로서 인격 상호간의 일관성과 역할 전도 테스트가 일으키는 규범적 작용의 가치를 제대로 인정하는데 실패하게 된다는 의미에서 그렇다. 이러한 작용의 결과로 우리는 정의와 보편적 사랑을 긴밀한 연관성 속에서 바라보게 하며 또 도덕적 행위자의 정체성과 존엄성을 부정하지 않게 된다.

2) 실증적인 윤리 이론들에서의 불편부당성

필자는 이어서 현대 도덕 철학에서 불편부당성이 확보한 좀 더 전문화된 의미들에 대해 고찰해 보았는데, 이를 위해 표준적인 공리주의와 신칸트주의의 주장들을 다루었다. 우리가 본 대로, 불편부당성은 윤리 이론들에 따라 다양한 의미를 갖는다. 공리주의와 신칸트주의는 불편부당하다 볼 수 있을 것인데, 이 둘은 모두 인격 상호간의 일관성 부재를 경계하며 역할 전도 테스트를 통과할 수 있다는 점에서 그렇다. 다만 이 둘 사이에는 서로 동의하지 않는 부분들 곧 불일치의 지점들이 있다.

필자는 두 가지 불일치에 대해서 말하려 하는데, 그럼으로써 다음의 두 가지를 설명할 수 있기를 바란다. 첫째, 기독교인들 역시 이 불일치들이 반영하는 긴장들을 직면하게 된다. 둘째, 이 불일치들은 이웃과 자아를 똑같이 대하는 것을 꺼려하는 마음에 달려 있지 않다. 오히려 이웃과 자아 사이에 존재하는 유사점들을 받아들임으로써, 이 불일치들은 사랑의 계명에 관한 포괄적 해석들이 비중을 두어야 할 고려 사항을 지시한다.

첫 번째 불일치는 어떻게 우리가 보편적 사랑이 요구하는 대상의 포괄성을 존중할 것이냐에 관한 것이다. 우리는 모든 사람의 존엄성을 보호하고 또 증

Eerdmans, 1984), 178.

진해야 한다는 점을 인정함으로써, 우리는 얼마나 *적극적으로 모든 사람*을 배려할 것인지에 대한 물음을 갖게 된다. 다시 말해, 우리는 인류에 속한 모든 사람들을 우리 행동의 대상자로 생각해야 하는가? 아니면 우리는 우리와 직접적으로 관계가 있는 특별한 사람들에 집중해야 하는가? 우리의 이웃은 우리의 행동에 영향을 받는 모든 사람이라고 말한다면, 이런 관점에서는 모호함이 남는다. 얼마나 많은 사람에게 영향을 미칠 수 있느냐는 기본적으로 얼마나 많은 사람들에게 영향을 미치고자 하느냐에 달려 있다.[152] 공리주의는 우리로 전체적으로 보아 가장 바람직한 상태를 극대화할 것을 요구하며, 이것은 우리가 모든 인류를 우리 행동의 대상으로 보아야 함을 내포한다. 이 점에 있어 신칸트주의자인 지월스는 공리주의에 대해 분명하게 반대하며, 우리로 (우리와 특별한 관계에 있는) 특수한 수용자에 대해 감당해야 하는 의무에 대해 집중할 것을 요구한다.[153]

두 번째 불일치는 우리가 그들의 존엄성을 보호하고 증진해야 하는 대상이 되는 사람들 사이에서 우리가 허용해야 하는 분배적 주고받음 혹은 거래(trade-off)에 관한 것이다. 우리가 본 대로 공리주의자들은 '총체적 인과적 연관의 상태'(state of the total causal nexus)에 초점을 맞추면서, 다른 이들과 상상적으로 일치를 이루는 이상적으로 완전한 형태, 부정적 책임의 교리 그리고 어떤 행위자가 다른 이들의 결정을 따라 할 수 있는 결정의 무한계성 등을 제안한다. 또한 우리가 본 대로 신칸트주의자들은 (공리주의가) 총체적 인과적 연관의 상태에 초점을 맞춤으로써 어떤 특정한 사람들의 더 많은 권리 주장을 증진시키기 위해 그들 외의 또 다른 사람들의 권리 주장을 희생시킬 수 있는 여지를 너무 많이 남기게 된다는 점을 지적한다. 그래서 그들은 단지 총체적 결과에 대해서만 고려하는 것이 아니라 기초적 차원에서 행동과 정책들을 고려함으로써,

---

152) 필자는 『아가페』(*Agape: An Ethical Analysis*, 12-13)에서는 이 모호성에 대해 충분히 다루지 못했다.
153) Gewirth, *Reason and Morality*, 201.

허용할 수 있는 분배적 균형을 위한 주고받음 혹은 거래에 제한을 두려 한다.

기독교인들 역시 공리주의자들과 신칸트주의자들 가운데 존재하는 긴장들과 부분적으로 상응하는 긴장들을 직면한다.[154] 첫 번째 불일치를 생각해 보라. 한편으로, 원수에 대해 초점을 맞추면 확장주의적 압력을 받게 된다. 그리고 기독교인들은 때때로 (사랑의 대상의) 포괄성은 가난한 이들과 억압받는 이들에 대한 특별한 관심을 증진시키는 것을 내포하는 것으로 이해한다.[155] 예를 들어, 이 세상에서 '관심의 대상이 되지 못하는 가난한 이들'에 관심을 기울이고 돌보라는 엘룰(Jacques Ellul)의 권고를 생각해 보라. 이 사람들은 그들의 고난에 대해 이야기하는 자체가 부질없는 것으로 여겨질 만한 이들이며, 완전히 사람들의 관심사에서 사라질 위험에 처해 있는 이들이다.[156] 다른 한편으로, 어떤 기독교인들은 가까운 이웃들과 거리가 먼 이웃들을 구별해야 하며 또 가장 가까운 이웃들 곧 나와 직접적으로 연관된 혹은 나와 특수한 관계 속에 있는 이들에게 먼저 집중해야 한다고 주장한다. 가까운 이웃과 거리가 먼 이웃을 단일한 성격의 그룹으로 묶을 수 없을 것인데, 같은 그룹 안에 있는 구성원들이 갖고 있는 권리

---

154) 기독교 윤리 저술가들은 공리주의와 신칸트주의와 그들의 견해가 어떻게 관련되는지에 대해 보통 상세하게 발전된 평가와 분석을 내놓지 않지만, 그래도 주목할 만한 시도는 있다. 플레처는 아가페와 공리주의를 다음의 논문에서 동일시한다. Joseph Fletcher, "What's in a Rule?: A Situationist's View," *Norm and Context in Christian Ethics*, Gene Outka and Paul Ramsey, eds. (New York: Charles Scribner's Sons, 1968), 332. 또한 다음의 책을 참고하라. Fletcher, *Situation Ethics* (Philadelphia: Westminster, 1966). 거스탑슨은 개신교윤리와 비교하면서 공리주리에 대해 다음의 저작에서 충분히 검토하였다. James M. Gustafson, *Ethics from a Theocentric Perspective*, vol. 2, 100-16. 베클리는 다음의 논문에서 롤즈의 정의 이론과 '동등배려'로서의 *아가페* 사이의 관련성을 추적하였다. Harlan R. Beckley, "A Christian Affirmation of Rawls's Idea of Justice as Fairness: Part I and Part II," *The Journal of Religious Ethics*, 13/2 (Fall, 1985), 210-42; 14/2 (Fall, 1986), 229-46. 롤즈 이론에 대한 일반적인 평가에 대해 살피고 싶으면 다음의 저작들을 참고하라. William Werpehowski, Social Justice, *Social Selves: John Rawls's A Theory of Justice and Christian Ethics* (Ph.D Dissertation, Yale University, 1981); Richard F. Fern, "Religious Belief in a Rawlsian Society," *The Journal of Religious Ethics* 15/1 (Spring, 1987), 33-58.
155) 예를 들어, 맥킨타이어는 보편성(universality)에 대한 스토아학파와 어거스틴 전통의 이해를 대조하여 설명한다. Alasdair MacIntyre., *Whose Justice? Which Rationality?* (Notre Dame: University of Notre Dame Press, 1988), 153.
156) Jacques Ellul, *Violence: Reflections from a Christian Perspective*, Cencelia Gaul Kings, trans. (New York: Seabury, 1969), 67. 좀 더 심화된 논의를 살피고자 하면 다음을 참고하라. Gene Outka, "Discontinuity in the Ethics of Jacques Ellul," in *Jacques Ellul: Interpretative Essays*, Clifford G. Christians and Jay M. Van Hook, eds. (Urbana: University of Illinois Press, 1981), 202-3.

주장에 대해 나는 동등한 자리에 놓고 고려할 의무가 있다. 이런 의미에서 공리주의자들이 하는 대로 일반화된 선의를 권장할 수는 없는 것이다. 대신에 '인간 일반'의 권리 주장에 앞서 나의 구체적인 이웃들의 권리 주장에 대해 우선적으로 고려해야 할 것이다. 이 구분은 (그럼에도) 두 가지 의미에서 포괄적이다. 첫째, 나는 모든 사람의 선을 동등한 자리에 놓고 고려할 의무가 없다고 말한다고 해도, 여전히 각 사람의 선은 동등한 가치로 고려해야 할 대상이 될 수 있다고 말할 수 있다. 둘째, *누구나* 나의 이웃이 될 수 있다. 어떤 특별한 조건들이 우선적으로 고려될 필요는 없다. 선한 사마리아인은 모든 종교적 인종적 장벽을 뛰어넘어 그 사람을 도왔다. 그러므로 이 구분은 (다른 이들의) 선을 증진하는 차원에서 행위자에게 주어지는 엄격한 요구들을 위한 여지를 일정 정도 허용한다. 그렇다고 이 구분을 '전반적'이라는 조건을 부과하기 위한 그 어떤 근거로 볼 수는 없을 것이다.

두 번째 불일치를 생각해 보라. 많은 기독교인들은 다시 한 번 유사한 긴장들을 직면한다. 그들은 '윤리적 극대화주의'(ethical maximalism)를 진지하게 다루고자 하는 그들 나름대로의 이유를 가지고 있으며, 이 점에 있어서 공리주의와 유사점이 있다. 적극적으로 선을 증진하고자 하면서 피해를 면하기 위해 감당하는 최소한의 의무들 혹은 위험 부담이 적은 의무들은 넘어서려 한다. 전통적으로 기독교인들은 허용 가능한 주고받음 혹은 거래(trade-off)에 제한을 두려고 한다는 점에서 신칸트주의에 좀 더 가깝다. 필자가 앞에서 지적한 대로, 각 개인을 그 어느 것과도 환치 혹은 환원될 수 없는 가치를 보유한 존재로 여긴다고 해도 그러한 가치 인식은 우리가 언제나 해야 하는 혹은 하지 말아야 하는 것에 대해 구체적으로 평가함이 없이는 모호한 것이 되고 말 것이다. 그러한 구체적 평가들은 각 사람의 존엄성을 존중하고 구현하기 위해 요구되거나 금지되는 행동들에 대해 무비교적(無比較的, noncomparative) 관점에서 수행되어야 한다.

이러한 평가들은 우리가 총체적으로 선을 증진시키기 위해 할 수 있는 일들에 대해 제한을 설정한다. 우리의 규범적 고려에서 '결과'만을 생각해서는 안 된다. 이러한 평가들은 때때로 선을 이루기 위해 악을 행해서는 안 된다는 기독교의 전통적 가르침을 뒷받침하는 데 사용된다.[157] 앞에서 말한 대로, 기독교 저자들 사이에는 어떤 행동이 '악행인지'에 대한 평가에 있어 매우 다양한 견해들이 존재한다. 예를 들어, 어떤 이들은 폭력은 어떤 형태이든지 거부한다. 다른 이들은 오직 직접적이고도 의도적인 살인만을 금지한다. 또 어떤 행동들은 총체적인 결과(혹은 효과)가 얼마나 유익하냐 아니냐에 상관없이 절대적으로 금지되기도 한다.

사람들이 가치 있는 존재라고 인정하면서 그 사람들에게 언제나 해야 하거나 혹은 하지 말아야 하는 것에 대해 평가하고자 할 때 우리는 그 자체로 침해할 수 없는 대상으로서의 개인에게 초점을 맞추어야 할 것이다. 어떤 개인의 복지는 다른 이의 태도와 행동에 있어서 최종적인(궁극적인) 고려 요인이 되어야 한다. 이러한 초점 맞추기는 개인을 전체 사회의 한 부분으로만 전락시키거나 혹은 그 전체 사회에 구조적으로 굴복할 수밖에 없게 만드는 관습 혹은 관행에 대해 저항하게 한다. 생명의료 윤리에서 구체적인 보기를 하나 들어 보자. 개별 환자들에 대해 실험을 하는 것은 오직 그 환자들 자신에게만 유익이 될 때 정당화될 수 있다. 그러나 제3자들에게만 혹은 전체 인류에게 유익을 줄 수 있다 하더라도 정당화될 수는 없는 것이다.[158]

이 두 가지 불일치의 영역에서 이웃과 자아 사이에 유사점을 계속 존중하면서, 둘 사이에 존재할 수 있는 긴장들에 대해서도 감지할 수 있다는 점을 깨닫는 것은 매우 중요하다. 다시 한 번 첫 번째 불일치를 생각해 보라. 한편으로, 포괄성에 대한 진보적 해석의 입장들은 가난하고 또 억압받는 사람들 가운데 한

---

157) Richard McCormick and Paul Ramsey, eds., *Doing Evil to Achieve Good* (Chicago: Loyola University Press, 1978).
158) 상반된 견해를 함께 살피고자 한다면, 다음을 참고하라. Paul Ramsey, *Fabricated Man: The Ethics of Genetic Control* (New Haven: Yale University Press, 1970); Joseph Fletcher, *The Ethics of Genetic Control: Ending Reproductive Roulette* (Garden City, N.Y.: Doubleday Anchor, 1974).

사람으로서 자아를 포괄한다. 다른 한편으로, 가까운 이웃들과 거리가 먼 이웃들 사이의 차이는 그 자체로 이웃과 자아 사이의 불균형을 의미하지는 않는데, 왜냐하면 나는 적어도 나의 이웃에 가까운 만큼 나 자신과 가깝기 때문이다. 다시 한 번 두 번째 불일치를 생각해 보라. 한편으로, 윤리적 극대화주의의 지지자들은 앞에서 지적한 대로 공덕에 대한 불편부당론자들의 동의주장에 대해 매우 엄격하거나 아니면 아예 그러한 동의주장을 허용하지 않으려 한다. 다른 한편으로, 선을 이루기 위해 악을 행할 수 없다는 주장을 그 금지 범위에 있어서 보편적인 것으로 해석할 수 있다. 이 주장을 해석함에 있어서 어떤 행동을 금지하느냐 하지 않느냐에 상관없이 이 주장은 '개인들을 편파적으로(차별적으로) 보고 대하는 것'은 아니다.[159] 이것의 구속적 영향력은 광범위하다. 내가 속한 그룹 밖에 있는 사람들에게도 해당되며, 최소한 동일하게 엄격한 안전장치들을 세움으로써 모든 사람의 존엄성을 존중한다. 이러한 안전장치들은 이웃과 자아 모두에게 적용되는 것으로 여겨져 왔다. 더 나아가, 어떤 사람을 사회를 구성하는 단순한 부분이 되게 하거나 혹은 구조적으로 보조적인 존재로 되게 하는 관습들(practices)에 저항하는 것 역시 자아와 이웃 모두에게 적용될 수 있다.

기독교인들은 이러한 불일치들을 해결하기 위해 그들 자신의 권면들(counsels)에 충실해야 하고 또 그들 자신의 전통(legacies)과 씨름해야 한다. 우리를 이리 저리로 이끌어가는 시류들이 아무리 강하고 또 문제들이 아무리 난해하다고 해도 합리적인 논쟁을 무력화시킬 정도는 아니다. 지금까지 몇 가지 제안을 내놓았지만, 필자 자신의 해결책을 제시할 때는 아직 아니다. 어떻게 보편적 사랑을 존중할 것인가에 대해 평가가 갈리는 몇몇 지점들을 밝히고 또 그러한 많은 평가들이 이웃과 자아를 유사하게 대하는 것과 여전히 양립할 수 있다는 것을 보이는 것으로 충분하리라 생각한다.

---

159) 사람들을 차별하지 않는다는 것은 공정하게 심판(판단)한다는 것인데, 특권과 지위에 관한 고려에 있어서 부당한 비중을 설정하지 않으면서 그렇게 해야 한다. 다음을 참고하라. Gene Outka, "Respect for Persons," in *The Westminster Dictionary of Christian Ethics*, 541-45.

8. 보편적 사랑은 이웃과 자아 사이에 어떤 차이를 수용하는가?

각각의 불균형성을 평가했기 때문에, 이제 필자는 각각의 불균형성이 어떤 점에서 보편적 사랑과 양립할 수 있는지를 좀 더 정확하게 확정하는데 집중하려 한다. 필자는 보편적 사랑이 불편부당성 보다 좀 더 적합한 최종적인 참고의 틀임을 보이려 한다. 보편적 사랑은 일정 부분 불편부당성과 공유할 수 있다 할지라도, 기꺼이 이웃 사랑과 자기사랑 사이의 차이를 수용한다는 점에서 앞서 가는 면이 있다고 하겠다. 보편적 사랑은 몇몇 불편부당성의 견해들이 받기 쉬운 비인격화의 압력으로부터 좀 더 자유롭다. 적절한 이웃 사랑과 자기사랑이 내포하는 바에 대한 이해는 이 둘 사이에 존재하는 유사점들과 차이점들에 근거하고 있다는 필자의 주장이 옳다면, 보편적 사랑은 더더욱 앞서가는 면이 있다고 하겠다. 각각의 불균형성들이 주목하는 자아와 이웃 사이의 차이들을 살펴보자. 이렇게 함으로써 앞서 필자가 제시했던 질문에 대해 답하고자 한다. 이 불균형성들이 하나님을 사랑하며 또 하나님 안에서 우리 이웃들과 우리 자신을 사랑하는 다른 여러 방식들을 적절하게 나타내고 있다고 확증할 수 있다.

1) 실제적인 방향전환

첫 번째 불균형성은 이웃의 편에 서서 불편부당성에 도전한다. (이 불균형성의) 옹호자들은 *아가페*에 담겨있는 타자 배려의 요소들에 분명하게 초점을 맞추며 다른 이들의 유익을 위해 이타주의적으로 헌신하는 노력들을 변호한다. 여기서 치우침이 없이 자아의 유익과 이웃의 유익을 보호하고 또 증진하는 것은 이기주의 보다 낫지만 신약성경의 관점에서 보면 규범적으로 문제가 있다.

이 도전을 평가하기 위해서 필자는 먼저 불편부당성과 이타주의에 대한 기존의 대조가 과장되었다는 점을 보여야 했다. 첫째, 자아와 타자 사이에 존재하는 어떤 불균형도 허용하지 않는다는 점에서 보다 정교하게 전개된 불편부당성의 견해들은 좀 더 넓은 규범적 운용의 여지를 허용한다. 이러한 견해들에서 불편부당성은 상대에게 준만큼 받는다는 식의 어떤 교환적 개념으로 환원될 수 없다. 이것은 이웃을 위해 '다르게' 대하는 것을 허용하는데, 그렇게 대하는 것이 나 자신에게 불균형적으로 불편함을 준다 해도 그렇다. 분명히 초점은 '허용하는 것'에 있다. 곧 자아와 타자 사이에 존재하는 불균형은 요구되지도 않고 금지되지도 않는다. 불편부당성은 행위자동의(agent-consent)에 달려 있다. 그러나 그러한 허용은 자아·타자 관계와 타자·타자 관계 사이를 구분하게 하며 또 공덕주의에 대한 긍정적 여지를 남기게 하는 이유가 된다.

둘째, 우리가 본대로 기독교 전통 안에서 어떤 이들은 이타주의를 그 자체로 강조하지 않는다. 그들의 관심은 교회 공동체에 속한 모든 이들에게 구속력을 갖는 신념들에 있다. 예를 들어, 이들은 공동체 안에서 자아와 이웃 모두를 포함하여, 악에 대한 반응으로서의 폭력을 철저하게 배제한다. 적어도 이 부분에서 불편부당성의 한 형태가 존재한다고 할 수 있을 것이다.

셋째, 기독교 이타주의자들은 세속적 불편부당론자들과 평화 교회 전통에서 있는 이들, 이 둘과의 관계성이라는 관점에서 복잡한 입장을 보이고 있음을 살폈다. 이타주의자들은 자아·타자 관계와 타자·타자 관계를 구분하는데, 불편부당성의 옹호자들이 제시하는 이유와 같은 이유는 아니라도 말이다. 이타주의자들은 타자·타자의 관계에서, (어느 사람이 되었든) 사람들의 피를 흘리는 것과 무죄한 사람들의 피를 흘리는 것을 구분하지만, 자아·타자의 관계에서는 그렇지 않다. 그들은 아마도 첫 번째 경우에서는 불편부당성 옹호 입장에 그리고 두 번째 경우에서는 평화 교회 전통의 입장에 동의할 것이다.

이렇게 불편부당성과 이타주의를 대조하면서 나타난 이러한 내용들은 두 가지 질문을 구분하게 만든다. 첫째, 사랑은 저항을 정당화하는가? 만약 그렇다면 어떤 종류의 저항인가? 둘째, 사랑하는 태도와 행위들은, 타자·타자 관계에서와 자아·타자 관계에서 다른가? 만약 그렇다면 어떤 점에서 그런가? 각각의 질문들에 대한 우리의 답은 때때로 겹치기도 할 것이다. 그러나 우리가 이 둘 사이의 구분을 무너뜨리는 것을 거부할 때 우리는 더 명확한 해답에 이를 수 있을 것이다. 첫 번째 질문에 대한 해답은 실체적으로 무엇을 요구하거나 허용할 것인가 라는 관점에서 어떤 윤리적 입장을 가지느냐에 달려 있다. 예를 들어, 우리가 비폭력을 얼마나 일괄적으로 구속력을 가지는 것으로 보고 있느냐는 다양한 성서 본문들에 대한 주석적 판단들, 여러 사회들 안에서 또 그 사회들 사이에서 정의를 지향하는 권력의 중요성과 그 실현 가능성에 대한 도덕적 판단들과 경험적 측정 등을 통해서 결정된다. 필자는 어거스틴 전통에 선 현실주의자의 입장을 견지하는 한 사람으로서 이러한 문제들을 진지하고 폭넓게 다룰 준비가 되어 있지만, 여기서는 그렇게 다루지는 않았다. 다만 필자는 수없이 많이 발생하는 폭력적 상호작용들을 바라보면서, 한 인격체가 완전히 하찮은 존재로 취급당할 때 그리고 나 자신과 내 이웃이 동일하게 간직하고 있는 고귀한 인간의 얼굴이 참혹하게 공격당하는 것을 볼 때, (그러한 불의한 폭력에 대응하는 정의로운 폭력은) 사랑의 이름으로 정당화되어야 한다는 점을 주장하고 싶었다.

두 번째 질문에 대한 해답은 첫 번째 불균형성을 다루면서 살펴보았던 대로 보편적 사랑, 이타주의 그리고 불편부당성과 연관된 복잡다단한 고려 사항들을 어떻게 최종적으로 한 데 모을 것이냐에 달려 있다. 다시금 필자는 보편적 사랑이 최종적 참고의 틀이 되어야 함을 제안한다. 이러한 제안은 필자가 해석하는 대로 이타주의자들이나 불편부당성의 옹호자들 모두를 완벽하게 만족시키지 못한다 하더라도 부분적으로라도 만족을 줄 수 있을 것이다.

한편으로, 보편적 사랑은 첫 번째 불균형성에 관련하여 제한 사항들을 설정한다. 필자는 자아를 전혀 중요하게 여기지 않는 이타주의를 인정해서는 안 된다고 주장했다. 보편적 사랑은 신중심적 틀 안에서 이웃뿐만 아니라 자아도 중요하다는 신념을 고수해야 한다. 이 점에서 이타주의는 실패했다. 이러한 포괄성은 우리가 저항과 같은 문제들에 대해 어떤 판단을 내리든 상관없이 일정 정도 보편적 사랑과 불편부당성을 엮어준다. 이타주의자들이 추구할 수 있는 가장 효과적인 전략은 순전하게 개인적인 자아·타자의 상황에 초점을 맞추는 것을 포기하는 것이다. 어떤 고립된 자아가 한 사람의 고립된 이웃을 만나는 것을 상정하는 것은 너무나 추상적이다. 우리가 갖는 만남들은 사회적 관계들 안에서 이루어진다. 나는 한 사람의 남편이고, 아버지이고, 다른 이들의 복지에 대해 책임이 있는 사람이지, 단순히 나 자신의 복지에 대해서만 책임지면 되는 존재는 아니다. 나 자신의 복지를 완전히 무시하는 것은 내가 책임을 느껴야 할 다른 존재들을 부당하게 배신하는 것이다. 이런 식으로 생각한다면, 필자는 불편부당성의 옹호자들이 종종 내리는 판단들과 유사한 판단들에 이르게 될 지도 모른다. 할 수 있는 대로 타자 배려의 이유들과 깊이 연계하면서 백지수표를 남발하지 않도록 하기 위해 자기 배려의 이유들을 견지해야 한다고 했던 필자의 주장을 상기한다면, 보편적 사랑은 이러한 전략에 더 가깝다. 그러나 여전히 필자의 주장은 자아의 복지에 직접적으로 관계하는 것이지, 이타주의자들처럼 (자기 배려를) 전적으로 타자 배려에서 연유하는 것으로 보지 않는다. 여기서 필자의 주장은 여전히 이타주의가 수용할 만한 것인데, 왜냐하면 이는 좀 더 분명하게 보편적 사랑이 갖는 함의들을 드러내 주고 또 우리로 하여금 좀 더 직접적으로 교만뿐만 아니라 게으름의 유혹에 주의하도록 만들기 때문이다.

다른 한편으로, 보편적 사랑은 우리로 하여금 다른 이들을 위해 할 수 있는 것에 대해 뭔가 보상받아야 할 것이 있다고 기대하고 또 그러한 기대에 착념하는 것으로부터 지속적이면서 실제적인 *방향 전환*을 장려한다. 이타주의를 원칙적으로 허용하지 않는다고 해서 첫 번째 불균형성과 연관해서 우리가 가졌던 모든 고려 사항들을 무시할 필요는 없다. 이러한 방향 전환은 우리의 관심의 방향을 잡아 주고 우리의 에너지를 끌어내어 우리의 태도와 행동의 변화에 영향을 미친다. 거스탑슨(James Gustafson)은 유대교와 기독교 전통 안에서 유지되고 또 장려되어 온 근본적인 도덕적 전망에 대해 적고 있는데, 곧 우리는 오직 우리 자신만을 위해서가 아니라 '다른 이들을 위해 존재해야' 한다는 것이다. 이 전망은 "우리 자신이 겪을 수 있는 불편이나 손해를 감내하고 타자의 복지를 향한 어떤 치우친 관심을 형성하며 또 그것에 대해 상대적으로 더 무거운 비중을 허용한다."[160] 불편부당론은 두 가지 지점에서 이러한 방향 전환을 뒷받침하는 입장과는 거리가 멀어진다. 그들이 공덕의 행위를 장려할 때 때때로 약간은 주저하거나 마지못해 하는 것 같다. 또한 우리가 본 대로 그들은 다른 이들을 위한 치우친 배려는 개별 행위자들의 엄격한 동의의 문제여야 함을 주장한다. 그러나 이 방향 전환은 기독교인들이 좀 더 자연스럽게 의무로 받아들이는 것이다. 기독교인들은 자신들의 권리 주장에 관한 한 일정 정도 관심을 줄일 것을 요구받으며 다른 이들에 관해서는 단순한 고려의 대상 이상으로 적극적인 관심을 보이고 또 돌봐 주어야 한다고 생각한다. 보편적 사랑은 상대적인 측정(comparative measurement) 보다는 포괄성을 강조하기 때문에 좀 더 쉽게 이 방향 전환을 받아들일 수 있다.

2) 제거할 수 없는 불안

두 번째로 생각한 것으로, 전적으로 서술적인 불균형성 역시 이웃의 입장에서 불편부당성에 도전한다. 자기몰입의 강도를 충분히 진지하게 고려하는 데 실패하고 있으며, 그로 인해 그러한 강도를 상쇄하기 위해 필요한 어떤 개선의 전략을 소홀히 하게 된다는 것이다. 자기 자신의 필요와 야망에 과도하게 관심을 갖는 것은 우리가 보통 실제적으로 자주 빠지는 어떤 항구적인 유혹에 이르게 한다. 이러한 자기몰입은 우리가 도저히 제거할 수 없는 근본적인 불안의 형태로 스스로를 드러낸다. 행위자로서 나는 나의 이익과 직접적으로 관련이 있다면, '상호적 공평무사'를 이루지 못함을 보게 된다. 나는 도무지 그 방향을 바꿀 수 없을 정도로 나 자신을 내 존재의 중심에 두고자 하는 유혹을 받는데, 하나님을 무시하거나 모욕하면서 그리고 이웃에게 불의한 일을 행하면서까지 그렇게 한다. 이 유혹은 인간의 노력이나 교육을 통해서 고쳐질 수 있는 어떤 약점 이상

---

160) James M. Gustafson, "Mongolism, Parental Desires, and the Right to Life," in *On Moral Medicine: Theological Perspectives in Medical Ethics*, Stephen E. Lammers and Allen Verhey, eds. (Grand Rapids: Eerdmans, 1987), 488. Garth L. Hallett, *Christian Neighbor-Love: An Assessment of Six Rival Versions* (Washington, D.C.: Georgetown University Press, 1989).

의 것이다. 이것은 언제나 잠재적으로 유해하며, 이생의 삶에 궁극적 평안을 줄 수 없는 것이다.

이 불균형성의 지지자들은 이러한 불안이 원인이 되어 점증하는 사랑의 실패를 강조한다. 자신의 계획이나 프로젝트들이 집중적으로 더 큰 도전을 받으면 받을수록 불안은 더 커지게 된다. 안식처가 필요하며 나의 경력에 전혀 위협이 되지 않으며 오직 나의 호의에 대해 사의를 표할 수밖에 없는 사람을 돕는 것보다 동일한 자리를 목표로 하여 경쟁하고 있는 사람을 공정하게 평가하는 것이 더 힘들다고 생각한다. 이런 맥락에서 라 로쉐푸코(La Rochefoucauld)는 옳다. "사람들이 우리 자신에게 행하는 가장 사소한 불성실함이 우리가 다른 이들에게 행하는 가장 심각한 불성실함보다 우리 입장에서는 (우리 눈에는) 더 큰 해로 보인다."[161] 과도한 자기주장(self-assertion)을 내포하는 죄의 교리는 일상적인 자리에서도 늘 확인된다.

보편적 사랑은 얼마나 두 번째 불균형성을 받아들이는가? 이 사랑은 우리의 이웃 사랑을 위험에 빠지게 하는 자기과장(self-aggrandizement)의 영향력을 지속적으로 고려해야 한다. 두 번째 불균형성의 지지자들은 매우 공정하게 이러한 영향력을 주목한다. 분명히 우리는 그들의 서술적(경험적) 통찰들을 활용해야 할 것이다. 기독교인들이 공적 예배에서 하나님을 온 마음으로 사랑하지 않았으며 또 이웃을 자신의 몸과 같이 사랑하지 않았다고 고백하는 것을 듣게 되는데, 이 고백은 이웃을 지나치게 많이 사랑해 왔다는 점을 밝히기 위한 것은 아님을 밝혀 두어야 하겠다. 여하튼 이 고백은 필자가 생각하기에 첫 번째 규범적 불균형성이 증진하는 실제적 치유책을 뒷받침하는데, 이 치유책은 다른 이들에 한 것에 대해 우리 자신이 보상받아야 할 것이 있다고 기대하고 그 기대에 집착하는 것으로부터 지속적으로 방향을 바꾸는 것이다.

두 번째 불균형성이 보편적 사랑이 겨루어야 하는 여러 입장들이나 견해

---

161) La Rochefoucauld, *Maxims*, Lenonard Tancock, trans. (Harmondsworth: Penguin, 1986), 83.

들을 기술하고 있다고 해도, 우리가 고려해야 하는 모든 요소들을 다루고 있는 것은 아니다. 다는 못 다루더라도, 두 가지 요소는 빼 놓아서는 안 된다.

첫째, 우리가 이 불균형성에 초점을 맞추어 생각하다 보면 우리는 보편적 사랑을 의미심장한 것으로 이해하게 되는데, 이 사랑이 단순히 우리 자신뿐만 아니라 우리 이웃도 포괄하고 있기 때문이다. 내가 얼마나 진지하게 내 이웃을 사랑하고 있느냐는 기꺼이 자아 편애의 정도를 정확하게 측정하려는 의지와 기꺼이 자기편애의 과잉을 조정할 수 있다는 의지에 의해서 평가된다. 이러한 평가(기준)는 기독교 윤리에서 중요하다. 그러나 그것 자체로는 불편부당성을 비판하는 오직 한 종류의 비판만을 불러일으킨다. 불편부당성의 옹호자들은 그들의 기준이 요구하는 자기 초월에 이르는 것이 얼마나 어려운 지에 대해 과소평가한다. '충분한 타자 배려에 이르지 못함'과 같은 개념은 자기 초월에 이르는 것이 결코 쉬운 일이 아니라는 점을 인식하고 있다는 어떤 현실안주의 심리를 반영하며, 자기 자신을 편애할 수 있는 절반의 가능성이라도 주어진다면 자아는 그렇게 할 것이라는 불쾌한 진리로부터 나온 관념이라 할 수 있겠다. 이러한 개념을 적절히 숙고하고 또 적용함으로써 우리는 일정 정도 역설적인 결과를 얻게 되는데, 특별히 그것은 우리로 하여금 공명정대함에 이르는 데 실패한 것에 대해 민감하게 반응하도록 하면서 공명정대함을 우리의 규범적 목표로 삼게 한다. 여기서 우리는 불편부당성과 보편적 사랑 사이에 어떤 규범적 연계의 가능성을 찾을 수 있을 것이라고 필자는 생각하는데, 특별히 둘 다 자기편애를 유일한 비판의 대상은 아니더라도 주된 비판의 초점으로 삼는다는 점에서 그렇다.

둘째, 다른 이들에게 너무 적은 정도로 자기 자신을 내어 주는 것도 문제이지만, 너무 많은 정도로 내어 주는 것도 문제이다. 과도한 자기주장이 일반적으로 우리를 더 강하게 움직이는 역동이라고 주장한다고 해서, 다른 이들에게 너무 많은 정도로 내어 주는 것 역시 실제적 유혹이 된다는 점을 부정할 필요는 없다. 교만 뿐 아니라 게으름도 불신앙을 드러낸다. 둘 중 어느 것이든, 두 가지 유혹에 굴복하는 것은 우리의 순종의 삶을 위험에 빠지게 한다. 두 번째 불균형성은 거만한 자기 과시를 경계하는 것이지, 나태한 무기력에 대한 것은 아니다.

3) 의지적 순종

세 번째 불균형성은 규범적으로 정당한 자기 배려라는 관점에서 불편부당성에 도전한다. 필자는 이 불균형성을 교만의 죄 뿐 아니라 게으름의 죄를 심각하게 생각하는 기독교 전통의 한 흐름과 연결시켰다. 그렇다고 해도 기독교 전통 안에서 자기사랑에 대한 긍정적인 의미를 찾는 시도는 결코 쉬운 일이 아니지만, 필자는 그러한 의미를 신중심적 틀 안에서 찾아보았다. 또한 이 불균형성을, 신중심적 틀을 존중하면서 보편적 사랑을 좀 더 넓은 지평에서 지지하는 주장과 연관시켰다. 그리하여 자기사랑은 특징적으로 하나님 사랑으로부터 분리된 자아·관계적(self-referential) 의무가 아니다. 로이스(Josiah Royce)는 필자가 확정하기 원하는 의존성에 대해 언급한다. "나를 사랑하시는 하나님은 내가 무가치한 존재이기를 바라시는 것이 아니라 하나님의 소유이기를 요구하신다."[162]

상호호환성(interchangeability)을 경계하는 주장을 '의지적 순종'을 지지하는 주장과 연결했었다. 자기사랑의 긍정적 의미를 신중심적 틀 안에서 전개할 수 있는 것은 바로 후자의 관점에서이다. 첫째, 이것은 자기 배려에 관련된 고려 사항들이 정당한 규범적 구속력을 갖는 것을 허용한다. 올바른 방식으로 자기를 배려하는 것이 무엇을 의미하는지에 대해 우리는 상술할 수 있다. 이러한 가능성을 경계하는 신학적 철학적 견해가 있을 수 있지만, 나에게 나 자신의 고유한 삶을 가치 있게 여기라고 요구하는 것은 결코 불필요한 것이 아니다. 우리는 우리의 이웃을 사랑하라는 계명에 충실하면서, 동시에 우리 자신을 사랑하는 것이 이웃 사랑 계명 실현을 위해서도 중요한 역할을 할 수 있다고 말할 수 있다. (그러나) 우리는 매우 조심스럽게 이것을 말해야 한다. 왜냐하면 자발적인

---

162) Josiah Royce, *The Problem of Christianity* (Chicago: University of Chicago Press, 1984), 88.

순종의 삶의 규범적 무게를 자기 자신의 행복 추구나 독립적으로 도출된 자기 자신에 대한 의무와 똑같이 보아서는 안 되기 때문이다. 둘째, '의지적 순종'에 대한 옹호는 언제나 그리고 어떤 상황에서든 규범적인 효력을 갖는다. 예를 들어, 이것은 19세기 페미니즘의 맥락에서 버즈아이 여사에게 적용될 수 있는 임시적 교정책 이상의 의미가 있다. 의지적 순종에 대한 옹호는 사랑의 계명을 해석하고자 하는 지속적인 노력의 일환임을 분명히 하고자 한다.

이러한 옹호를 통하여 우리는 불편부당론에 내포된 '비인격화의 압력'에 저항한다. 마찬가지로 의지적 순종에 대한 옹호는 우리로 보편적 사랑을 그러한 압력에 저항하는 것으로 인식하게 한다. 포괄성은 자아를 행위의 독립적인 중심으로 보며, 그래서 그 점에 있어 가치 있는 존재로 볼 수 있는 여지를 허용해야 한다. 또한 의지적 순종을 기술할 때 이러한 의미가 포착되어야 한다. 포괄성은 모든 특수성(particularities)을 획일화하는 것 없이 보편성을 견지하는 것을 내포한다.

4) 철폐할 수 없는 불균형성

마지막 불균형성은 서술적으로(경험적으로) 정당한 자기 배려라는 관점에서 불편부당성에 도전한다. 나는 언제나 내 이웃의 유익과 나 자신의 유익을 같은 방식으로 보호하고 또 증진할 수 없다고 주장할 수 있는 근거를 제공했다. "할 수 없음"은 고정적이다. 나의 이웃에 대한 관계와 나의 나 자신에 대한 관계 사이에는 *불가피하게* 구조적인 차이들이 존재한다. 이러한 차이들은 그 어떤 행위자의 관점에서 보아도 우리가 거부할 수 없는 '주관성'이라는 요소를 지시한다. 실로, 그것들은 인간의 유한성의 요소들 가운데 하나로 생각될 수 있다.

네 번째 불균형성은 자아·타자 관계에서보다 타자·타자 관계에서 더 불편부당할 가능성이 높다고 쉽게 결론내리지 못하게 하는 요인으로 작용할 수 있다. 나는 과도한 자기주장에의 유혹에 대해서도 정당하게 취급해야 할 뿐 아니라 내가 다른 이들의 행동 보다 나 자신의 행동에 더 큰 통제력을 가질 수 있다는 점에 대해서도 정당하게 취급해야 한다. 그리하여 책임의 영역이 다를 수 있음을 인정하는 것은 자기주장을 실행하는 것과는 다른 문제가 된다. 오히려 그것은 내 안에 있는 악을 먼저 보라는 권고를 뒷받침한다.

    이 불균형성은 우리 스스로 하나님을 사랑하는 것과 다른 이들에게 하나님을 사랑하라고 장려하는 것 사이의 거부할 수 없는 불균형이 나타나는 지점들에 주의를 기울인다. 하나님의 형상으로 창조된 모든 인간이 공유하고 있는 특징들 가운데 하나가 바로 이 불균형이다. 우리는 우리 자신을 위해 무언가 더 할 수 있는데, 왜냐하면 우리가 다른 이들에게 *영향을 미칠 수 있는 바*는 우리 자신에게 할 수 있는 것 보다 제한되기 때문이다. 우리 스스로 하나님을 사랑함에 있어서, 상대적으로 더 많은 통제력과 책임을 가진다. 널리 받아들여지고 있는 전통적 신앙에 따르면 우리가 진심으로 하나님을 사랑한다면 그러한 우리의 의지에 거슬러서 하나님을 잃게 되는 일은 없을 것이다. 반대로 우리가 하나님의 사랑에 거슬러 살기로 의지적으로 결단한다면, 그 방향으로 갈 수도 있을 것이다. 그러나 우리가 스스로 하나님께 대한 사랑을 철회할 수 있는 의지적 힘을 발휘할 수 있는 같은 방식으로, 우리 이웃들의 동의 없이 하나님께 대한 그들의 사랑을 그들에게서 빼앗을 어떤 힘 혹은 권한을 가질 수는 없다.[163] 이 전통적 신앙은 이 (네 번째) 불균형성을 섭리적이고 종말론적이라는 좀 더 넓은 배경에서 인식하도록 돕는다. 이 신앙은 각 개인이 갖는 존엄성을 긍정하고 상호호환의 가능성을 금지하는 종교적 도덕적 전통에 상응한다고 하겠다.

    보편적 사랑은 불편부당성보다 낫다고 하겠는데, 왜냐하면 다시 한 번 말하지만 이 사랑은 이 구조적 차이들을 좀 더 쉽게 받아들이기 때문이다. 그러나 우리는 이 차이들에 적절한 비중을 부여하고 주의를 기울이는 것이 필요한데, 사랑의 계명에 관한 전반적인 탐구에서 그 차이들의 위치를 잘못 이해하거나 그 의미나 중요성을 과장하지 않도록 조심해야 할 것이다. 세 가지 영역에 대해 특별히 고찰해 보고자 한다.

---

163) 마리노(Gordon Marino)와의 대화는 이러한 함의들을 찾아내는 데 도움이 되었다.

첫째, 6장에서 필자는 불균형성이 의미하는 바는 일반적으로 나는 나 자신을 선호해야 한다는 것도 아니며, 그렇다고 나는 나 자신을 다른 인간들에 견주어 자족적이고 또 자율적인 존재로 보아야 한다는 것도 아니라고 주장했었다. 이러한 과장적 시도들이 어떻게 정당하지 않은지를 설명하고자 했다. 첫 번째 과장적 시도에 반대하기 위해, 불균형성이 함의하는 대로 자아·자아 관계와 자아·타자 관계 사이에는 거부할 수 없는 구조적 차이들이 존재한다는 점을 강조하고자 한다. 불균형성은 어떤 면에서 이기주의를 긍정하고 있는 것이 아닌가 하고 의심하는 것은 이러한 차이들이 내포하는 의미를 제대로 이해하지 못한 결과다. 구조적 차이들이 실질적으로 존재한다는 것을 부인할 때에만, 이러한 의심을 납득할 수 있을 것이다. 이러한 구조적 차이들이 존재함을 받아들임으로써, 내가 도덕적 행위자로서의 주체성을 존중하느냐 하지 않느냐의 문제는 내가 문제가 될 만큼 나 자신을 편애하느냐 하지 않느냐의 문제와 별개라는 점을 인정하게 된다.

둘째, 필자는 고립주의적 자기 충족의 교리에 대해서도 반대했다. 이 두 번째 과장적 시도를 반대함으로써, 우리는 하나님의 사랑은 모든 사람에게 향한다는 전통적 신앙과 모든 개인들을 포괄하려고 힘쓰지만 그들을 본질적으로 관계가 없는 존재들로 생각하는 어떤 사랑의 개념을 구분하도록 요구받게 된다. 후자에 반대하면서 필자는 인간 존재의 상호의존성을 정당화하려 했다. 회개의 경우에 있어 우리는 공동체와 전통을 떠나서 어떤 행동에 대해 회개해야 하는지를 결정하지도 않으며 해서도 안 된다는 점 그리고 회개함에 있어 우리는 홀로 숙고하거나 씨름하지 않는다는 점을 지적했다. 이와 유사하게 우리가 행하는 악도 우리 자신에게만 관련된 것이 아니라고 주장했다. 다른 이들을 부패하게 만들 수 있는 우리의 능력은 실제적이다. 우리가 속해 있는 공동체의 관습이나 가치관 형성에 우리 행동이 미치는 영향에 대해 책임이 있다. 또한 행위자와 수용자 모두의 관점에서 사랑의 일을 규정하려 할 때, 우리는 자율성이라는 요소에 배타적인 관심을 두어서는 안 된다고 주장했다. 존엄성을 존중한다는 것은 자율적 선택을 보호하고 증진하는 것 이상의 의미를 내포한다. 우리의 모든 주도적 행동들과 반응들은 다른 이들과의 상호 작용에 의해 제한되거나 영향을 받게 된다.

세 번째, 이 불균형성을 받아들임으로써 요구받게 되는 보편적 사랑과 불편부당성 사이의 대조를 과장해서는 안 된다. 이 구조적 차이들은 일반화의 테스트를 통과해야 하는데, 이 차이들이 그 어떤 행위자 또 그 어떤 수용자에게나 적합한 것으로 받아들여질 수 있는 비유사성을 드러낸다는 의미에서 그렇다. 네 번째 불균형성의 관점에서 보편적 사랑과 불편부당성이 얼마나 겹치는지 또 다른지의 문제는 필자가 2장에서 소개했던 일단의 주장들을 마지막으로 한 번 더 검토하면 더 분명하게 이해될 것인데, 그 주장들은 '보편적 범위'에서부터 '불편부당한 평가'에 이르는 주제들에 관한 것이었다.

그 가운데 하나는 이런 것이다. 우리가 개개인의 존엄성을 보호하고 증진하기 위해 형성한 평가의 과정 안에 이웃과 자아를 충분히(fully) 포함시켜야 한다. 이웃과 자아는 모두 인간의 얼굴을 간직하고 있기에, 중요한 고려 대상에서 결코 벗어나서는 안 되고 또 단순한 수단이나 도구로 전락되어서도 안 된다. 보편적 사랑은 이러한 주장을 정당화하며 불균형성은 이를 허용한다는 점을 분명하게 받아들일 수 있다.

또 다른 주장은 완전한 포괄(full inclusion)은 동등한 포괄(equal inclusion)에 이른다는 것이었다. 다음의 몇 가지 개념들은 이 주장을 뒷받침한다. 한 사람의 복지는 다른 사람의 그것과 동등하게 가치 있다; 우리 가운데 어느 누구도 다른 사람들보다 객관적으로 더 중요하지 않다; 이웃의 복지와 자아의 복지는 동등하게 보호받고 증진되어야 한다. 보편적 사랑은 이 개념들을 정당화하며 불균형성은 이것들을 허용한다. 불균형성이 허용하지 않는 것은 동등한 포괄인데, 이 동등한 포괄이란 우리는 그 어떤 예외도 허용함이 없이 이웃의 복지와 자아의 복지를 같은 방식으로 보호하고 또 증진해야 한다는 것을 의미한다. 불균형성에 관한 필자의 생각이 옳다면 완전한 포괄은 언제나 *순전한*(genuine) 포괄을 의미할 수 있지만, (이웃의 복지와 자아의 복지를 같은 방식으로 보호하고 증진해야 한다는 의미에서) 언제나 동등한 포괄을 의미하지는 않는다.[164] 불균형성은 이러한 의미에서 동등한 포괄을 요구하는 불편부당성에 도전한다. 우리는 우리 자신의 경우에서(자아·자아 관계에서) 도덕행위자로서의 주체성은 내재적인 것으로 중요하게 고려해야 하지만, 이것을 타자·타자 관계에 적합한 측정들과 동화시켜서는 안 될 것이다. 이 도덕행위자로서의 주체성은 '전적인 동화'를 진전시키려는 불편부당성의 압력들을 무력하게 한다. 보편적 사랑도 역시 이러한 주체성을 받아들이는 한편, 그렇게 함으로써 어떤 약한 형태의 불편부당성과 연계를 유지하는데, 네 번째 불균형성이 밝히 드러내 주는 핵심적 주장은 우리는 우리가 보유하고 있는 적절한 능력들을(appropriate capabilities) 존중해야 한다는 것이며 이러한 존중은 자기를 배려하는 것인 동시에 다른 이들을 배려하는 것이라는 뜻에서 그렇다.

9. 남겨진 근본적인 문제들

마지막으로 필자는 두 가지 주제에 대해 말하고 싶은데, 이는 단순히 보충이 아니라 그 자체로 별도의 논의가 필요한 주제들이다. 분명히 이 저작이 필요로 하는 지면을 초과할 만한 것들이다. 사랑의 법에 관해 우리가 총체적으로 진술하려 할 때 피할 수 없는 주제들이다. 우리가 이들 주제에 관심을 가질 때, 필자의 입장들이 어떻게 통합되고 또 정교하게 전개될 수 있는지 간략하게 제안하고자 한다.

---

164) 필자가 '순전한'(genuine)과 '동등한'(equal), 이 둘 사이를 구분하는데 있어 기치(P. T. Geach)는 큰 도움이 되었다. 그러나 그가 이 둘을 구분한 것은 모든 사람이 하나님의 은혜와 영광을 얻기 위한 동등한 기회를 가질 수 있는 것이 아니라 순전한 기회를 가질 수 있을 뿐이라고 주장하는 맥락이었다는 점을 밝혀 두어야 하겠다. P. T. Geach, *Providence and Evil* (Cambridge: Cambridge University Press, 1977), 112, 120-22.

1) 사랑의 성취로서 사귐(communion)

아퀴나스는 다음과 같이 말한다. "사랑(charity)은 단지 하나님의 사랑만을 의미하지 않는다. 이는 하나님과의 사귐(friendship)을 뜻하기도 하는데, 이는 사랑에 더하여 상호간의 교통이 있는 사랑의 주고받음을 의미한다. 절정에 이르면, 사랑은 사귐에 관한 것이다. 하나님과 우리 사이의 사귐 그리고 사람과 사람 사이의 사귐 말이다."[165] 필자는 본 저작에서 이 절정 곧 사랑의 성취로서의 사귐이 온전히 이루어지는 것에 대해서 다루지 않았다. 다루지 않았다 해서, 필자가 말한 바들이 사귐으로서의 사랑의 주제와 잘 어울리지 않는다든지 혹은 그러한 개념의 대안으로 제시하는 것으로 받아들여서는 안 될 것이다. 이 저작에서 필자의 의도 한 가지는 필자의 탐구가 사귐이 사랑의 완성이라는 확신과 온전히 양립할 수 있다는 점을 드러내는 것이다. 또한 필자가 집중해서 다루었던 내용들이 사귐을 최종적인 선으로 받아들이는 데 도움이 되며 또 사랑의 견해들이 고려해야 하는 조건들과 가능성들을 이해하는데 도움이 될 수 있기를 바란다. 우리는 사귐으로서의 사랑의 개념과 세 가지 사랑 사이에 존재하는 본질적 연관성과 적절한 차이에 대한 평가들을 따로 떼어낼 수 없다. 그리고 필자는 이러한 평가들의 한 부분을 추적하려 했다.

예를 들어, 적절한 차이에 대한 평가들은 사귐은 분화 혹은 구별을 허용치 않는 일치를 배제한다는 표준적 주장을 의미 있게 뒷받침할 수 있다. 어떻게 이것이 그런지 두 가지로 말하려 한다.

첫째, 우리의 하나님 사랑은 상호교환적(reciprocal)이라기보다는 관계적(relational)이다. 즉 하나님과 우리 사이에 순전한 상호작용 곧 '어떤 사귐'이 존재하지만, 서로의 필요가 충족되고 충족을 위한 자원들이 상호간에 공급된다는 의미에서 상호교환성은 존재하지 않는다. 하나님의 자리에 볼 때 사귐에의 의지는 폐기할 수 없는 것이며, 그것이 계시하는 은혜는 선행적이라고 기독교인

---

165) Aquinas, *Summa Theologica*, I-II, q. 65, a. 5; from *Summa Theologica of St. Thomas Aquinas*, 865.

들은 믿는다. 하나님이 언약을 세우시고 하나님이 구원을 이루신다. 하나님을 향한 우리의 사랑은 의존적이며 반응적인데 비해, 하나님의 사랑은 결코 그렇지 않다.

둘째, 사람들 상호간의 사랑은 상호교환적이라 할 것인데, 정확하게 서로의 필요가 충족되고 충족을 위한 자원들이 상호간에 공급된다는 의미에서 그렇다. 다시 말하지만, 사귐이 사람들 사이의 사랑의 완성이지만, 이것은 피조물됨의 조건들의 영향을 받게 된다. 이러한 조건들에 관해서는 이웃 사랑과 자기사랑 사이에 존재하는 유사점들과 차이점들을 설명할 때 이미 다루었다. 또한 하나님을 사랑함은 하나님이 사랑하시는 대상을 사랑함으로써 하나님께 충성을 다하는 것을 포함한다는 점 그리고 바로 이것은 사랑이 그 대상에 있어 보편적이어야 한다는 주장을 뒷받침한다는 점을 강조했었다. 우리를 향한 하나님의 사랑과 마찬가지로 서로를 향한 우리의 순전한 사랑은 강제를 통한 일치나 공동체 형성과는 거리가 멀다. 다른 이들과 공동체를 이룬다는 것은 어떤 관계성 뿐 아니라 구분됨도 내포하는데, 이 구분됨은 관계에 참여하는 양자에게 행위자로서의 주체성의 조건들에 내포된 등가성을 인정하는 구분됨이다. 다른 이들을 사랑함은 여전히 일방향성을 띠는데, 그들에 대한 돌봄과 관심에 대한 대가로 어떤 반응을 기다리거나 기대하거나 혹은 요구하지 않기 때문이다. (선한 사마리아인 본문은 사마리아인과 그 강도 만난 그 사람 사이에 우정이 싹트게 되었는지에 대해서는 말하지 않는다. 그러나 사마리아인은 그 사람의 이웃임이 분명하게 확인되었다.) 사랑하면서 우리는 어떤 반응을 자연스레 욕구하거나 희망할 수는 있을 것이며, 실질적으로 그러한 일이 이루어지는 것을 실현가능한 가능성으로 또 (그 사랑이) 추구하는 결실로 생각할 수 있을 것이다.[166] 그러므로 우리는 상호성(상호적 사귐의 형성)은 아가페의 이상적 결실이라고 말해야 한다.

---

166) 상호성이 이웃 배려의 이상적 결실이라는 견해에 대해서 다음을 참고하라. Outka, *Agape: An Ethical Analysis*, 37. 이 저작에서 다룬 내용은 포우스트가 다음의 논문에서 제기한 우려에 반응한 것이기도 하다. Stephen Post, "Communion and True Self-Love," *The Journal of Religious Ethics* (Fall, 1988), 345-62.

2) 특수한 역할들과 관계들

또 다른 하나의 중요한 주제 하나를 생각해 보고자 한다. 그것은 기독교 전통 안에서 자주 만나게 되는 것으로서 '모든 인간은 나의 이웃'이라는 주장과 많은 기독교 사상가들이 고수하고자 했던 바로서 특별한 언약들과 특수한 헌신들을 긍정적으로 수용해야 한다는 주장, 이 둘 모두를 어떻게 정당하게 취급할 수 있느냐이다. 후자는 특수한 사회 구조들과 역할들 혹은 맥킨타이어(Alasdair MacIntyre)가 관습들(practices)이라고 부르는 것을 포함한다.[167] 우리는 그 대상의 범위가 보편적인 사랑의 개념과, 친구, 연인, 배우자, 부모와 자녀, 동료 신자들, 어떤 계층, 정당, 부족 혹은 사회의 구성원들 사이에서 이루어지는 특별한 유대 사이에 존재하는 통제할 수 없는 긴장을 어떻게 받아들여야 하는가? 이 질문은 우리가 총체적으로 사랑에 대해 진술하려 할 때 피할 수 없는 질문이다. 이 질문은 보편적 사랑이 이웃과 자아를 포함하는지 또 그렇다면 어떻게 그렇게 되는지에 대한 질문들과는 구분되지만, 한 질문에 대한 해답은 분명히 다른 질문에 대한 해답에 어떤 함축된 의미를 던져 줄 것이다.

이 주제가 다른 기회에 어떻게 전개될 수 있을지 가능한 전개 방향에 대해 몇 가지 필자의 생각을 나누고자 한다.

첫째, 본 저작에서 필자의 관심은 보편적 사랑이 내포하는 의미들 중 어떤 의미가 교회 공동체에 속한 사람들이 공유하는 신념들, 헌신들 그리고 삶의 방식들로부터 유래하는지를 탐구하는 것이다. 우리가 조심해야 할 것이 있는데, 이 저작에서 제시한 보편적 사랑의 개념과, '보편주의'이라는 개념이 내포하는 여러 의미들 그리고 이 보편주의라는 개념이 가져다주는 연관된 의미들을 혼합하면 안 된다는 것이다. 예를 들어, 그 범위에 있어 보편적인 사랑을 확정하는 것은 특수한 역할들과 관계들과의 모든 긴장을 해소하려 시도하게 한다거나 오직 한 가지 방식으로 그것을 해결하기 위해 힘쓰게 한다거나 하는 식의 의미를

---

167) Alasdair MacIntyre, *After Virtue* (Notre Dame: University of Notre Dame Press, 1981), 175–89.

갖는다고 가정하는 것은 잘못된 것이다.

둘째, 특수한 역할들이나 관계들 역시 다 같지는 않다는 것을 인정하는 것이 중요하다. 예를 들어, 개인적 선호는 우정의 경우에 본질적인 것이지만, 특별히 기독교 윤리에서 매우 중요한 (교회 공동체의) 유대 곧 교회 구성원들이 공유하는 신념들, 헌신들 그리고 삶의 방식들의 경우에서는 그렇지 않다. 보편적 사랑과 특수한 역할들이나 관계들 사이에 존재하는 긴장은 오직 한 가지 종류에서 나온 것이라고 가정한다거나 특수한 역할들과 관계들을 그것들이 처해 있는 다양한 역사적 사회적 맥락에서 검토하는데 실패한다면 (충분히 검토하지 못한다면) 이는 문제를 너무나 단순하게 보는 것이다.

셋째, 사랑은 적어도 두 가지 점에서 그 대상 범위와 관련하여 분명히 보편적이다. 이 사랑은 어떤 경계들을 설정하는데, 이 경계들 안에서 특수한 역할들과 관계들은 충분히 실현될 수 있으며 또 그 경계들 안에서 이 역할들과 관계들이 부과하는 제한 사항들을 넘어설 수도 있다. 경계를 설정한다 함은 우리가 속해 있는 인격 관계들이나 사회적 그룹의 구성원들을 위해 그 밖에 있는 사람들에게 무슨 일을 해도 된다(해를 끼치는 일이라도)는 식의 생각에 최소한의 도덕적 금지 조항을 설정함을 의미한다. 우정의 관점에서, 메일랜더(Gilbert Meilaender)는 우리가 "어떤 특정한 사람들이 아닌, 그들과 다른 어떤 이들을 선호할 수 있지만, 다른 사람들을 향해 늘 열려 있어야 하고 또 내가 선호하는 사람들을 위해 그 다른 사람들에게 해를 입히는 것은 단호하게 거부"해야 한다고 강조한다.[168] 이에 더하여 필자는 다른 이들에게 해를 입히지 말아야 한다는 최소한의 도덕적 금지 조항을 당연한 것으로 받아들이라는 낙관적인 가정에 대해 경계를 늦추지 말아야 한다는 점을 강조하고 싶다.[169] 왜 그러한 금지 조항들

---

168) Gilbert Meilaender, *Friendship: A Study in Theological Ethics* (Notre Dame: University of Notre Dame Press, 1981), 31.
169) 윌리엄스가 '다른 불편부당한 도덕적 요구들' 보다도 어떤 것이 되었든 가능한 우정의 요구들을 선호해야 한다는 주장을 불합리한 것으로 단정했을 때, 그의 판단은 과도하게 낙관적인 것 같다. 그러한 우정은 병리적인 것으로 볼 수 있는데, "왜냐하면 우정의 당사자들은 모두 이 세상에 존재하며, 그들의 우정이 이 세상에 존재한다는 것은 그들의 우정이 의미하는 바의 일부이기 때문이다." Williams, *Moral Luck*, 17.

이 당연히 자리 잡게 되는지, 그 가운데 어떤 것들이 그런지, 또 얼마나 절대적으로 그런지 등의 질문들은 보편적 사랑에 별도의 관심과 무게를 부여하는 것이 왜 도덕적으로 중요한지를 드러내 주는 논쟁적인 이슈들이다. 특수한 역할들과 관계들이 부과할 수 있는 제한 사항들을 뛰어 넘는다는 것에 대한 전형적인 보기로는 선한 사마리아인의 비유나 이 세상에 정말 보잘 것 없는 사람들을 돌보라는 엘룰(Jacques Ellul)의 권고 등을 생각해 볼 수 있겠다.

넷째, 바로 앞에서 언급한 두 가지 내용은 여전히 특수한 역할들과 관계들이 충분히 실현되는 것을 허용한다. 이 점을 인정하더라도, 이러한 특수한 역할들과 관계들을 소중히 여기며 구현되는 사랑은 사랑에 관한 다른 모든 종교적 도덕적 주장들의 유일한 기원적 출처라고 생각할 필요는 없다. 또한 우리는 특수한 역할들과 관계들은 그것들 자체로 생명을 가지고 있다고 주장할 수 있다. 그러나 이렇게 주장할 수 있다고 해서 특수한 역할들과 관계들이 보편적 사랑과의 관계 설정에 있어서 보편적 사랑을 향해 결코 우선순위를 가져서는 안 된다고 요구할 수 있는 것은 아니다. 교회, 가족, 사회적 관계 등에서 발견되는 우리의 특수한 유대와 감정들은 필연적으로 우리의 종교적 도덕적 정체성을 형성한다. 이러한 특별한 관계들 속에서 우리는 좀 더 복잡한 양상으로 사랑할 수 있다(*아가페* 뿐 아니라 *에로스*와 *필리아*의 방식으로). 우리는 어쩔 수 없이 좀 더 강렬하게 미워하기도 한다. 관계가 가까우면 가까울수록 불의의 가능성도 커진다. 그러한 친밀함은 우리가 상처 입을 가능성을 더 키우며 또 우리의 기대들을 강화하고 그것들에 질서를 부여한다. 요컨대, 상호교환적으로 도움을 주고 해를 입힐 수 있는 우리의 능력은 우리와 가까운 사이로 사는 사람들과의 관계에서 더 강해지고 또 다양해진다.[170]

블럼 역시 어떤 종류이든 불편부당성은 중요하게 고려되어야 한다는 그의 주장을 정당화하기 위하여 각고의 노력을 해야 할 것이며, 그렇게 행동하고 나서야 그렇게 행동해야 한다고 말할 수 있을 것이다. Lawrence A. Blum, *Friendship, Altruism, and Morality* (London: Routledge & Kegan Paul, 1980), 62.
170) 입문적 논의를 참고하고자 한다면 다음을 읽으라. Outka, *Agape: An Ethical Analysis*, 268-74. *아가페*에 관한 견해들과 아리스토텔레스의 *필리아*에 관한 견해들을 비교하는 연구로서 필자의 글을 소개한다. Outka, "Love," in *Encyclopedia of Ethics*, II, Lawrence C. Becker and Charlotte B. Becker,

지금까지 다룬 내용들이 옳다면, 우리는 지속적인 긴장들이 존재함을 인정해야 한다. 이러한 긴장들을 회피하려 할 때 우리는 상황을 잘못 파악하게 된다. 이것들을 받아들이기 위해 객관적으로 어느 누구도 다른 사람들보다 더 중요하지 않다는 주장을 버릴 필요는 없다. 그러나 이 주장을 모든 경우에서 모든 사람의 유익을 증진시키기 위해 똑같이 관심을 기울여한다는 식으로 해석할 필요는 없다. 이 긴장들은 두 가지 측면에서 지속적으로 경계를 늦추지 않게 한다. 보편적 사랑은 우리로 하여금 사람들이 갖는 필요, 권리, 선호들에 민감하게 반응하도록 한다. 보편적 사랑은 우리에게 주어진 역할들을 비판적으로 검토하도록 하며 이런 맥락에서 여러 형태의 종족주의나 계급주의를 반대하도록 자극한다. 특수한 역할과 관계들은 우리로 하여금 공동체적인 역할과 관련된 요구들의 중요성에 민감하게 반응하도록 하는데, 특별히 그 역할들이 우리의 도덕적 관심과 역량의 분배를 결정하는데 매우 중요한 역할을 한다는 점도 포함한다. 그것들(특수한 역할들과 관계들)은 우리의 종교적 도덕적 삶이 얼마나 강하게 특정 전통들, 공동체들 그리고 기관들과 엮어 있는지를 인식하게 한다. 또한 그것들이 설정하는 목적들과 요구사항들에 내재적인 정의(justice)의 권리주장들(claims)을 스스로 규정한다.

이 두 가지 주제들에 대한 상세한 논의는 미래의 과제로 남겨 둔다. 기독교인이라면 누구든지 필연적으로 헌신해야 하는 실천적 교리로서의 사랑의 계명에 대하여 필자는 특별한 경의를 표하고 싶다.

---

eds. (New York: Garland, 1992), 742-51.

감사의 말

이 논문의 여러 단계에서 이 글을 읽어준 이들에게 감사를 표한다. 아담스(Robert Adams), 뮤라(Steven Dalle Mura), 펀(Richard Fern), 프라이(Hans Frei), 잭슨(Timothy Jackson), 케이브니(Cathleen Kaveny), 린드벡(George Lindbeck), 로(Ping-cheung Lo), 맥 킨 타 이 어(Alasdair MacIntyre), 맥 킴(Robert McKim), 마 리 노(Gordon Marino), 메 일 랜 더(Gilbert Meilaender), 오 리 건(Cyril O'Regan), 폴 아웃카(Paul Outka), 리더(John Reeder), 터너(Philip Turner), 이들은 정말 소중한 비평과 제안을 해 주었고 필자는 최대한 반영하고자 했다. 필자는 신약성서학을 가르치는 동료들에게 감사의 뜻을 전하고 싶다. 헤이즈(Richard Hayes), 켁(Leander Keck), 말러비(Abraham Malherbe), 믹스(Wayne Meeks) 등인데, 이들은 이 논문에서 필자가 다룬 성서 본문들의 주석적 질문에 대해 유익한 조언을 해 주었다. 또한 딕(Arthur Dyck)은 1988년 1월 기독교윤리학회 연례모임에서 발표한 이 논문의 한 부분에 대해 비평해 주었다. 마지막으로 오웬(Susan Owen)과 리노(Russell Reno)에게 감사의 마음을 전하고자 한다. 그들은 내용, 구성, 문체 등에 있어서 광범위하고도 예리한 조언들을 해 주면서 마지막까지 산고를 함께 해 주었다.